KILLER ACQUISITIONS

AQUISIÇÃO DE EMPRESAS COMO MEIO DE ELIMINAÇÃO DA CONCORRÊNCIA

LEVI VERÍSSIMO

Prefácio
Ana Frazão

KILLER ACQUISITIONS
AQUISIÇÃO DE EMPRESAS COMO MEIO DE ELIMINAÇÃO DA CONCORRÊNCIA

Belo Horizonte

FÓRUM
CONHECIMENTO JURÍDICO
2022

© 2022 Editora Fórum Ltda.

É proibida a reprodução total ou parcial desta obra, por qualquer meio eletrônico, inclusive por processos xerográficos, sem autorização expressa do Editor.

Conselho Editorial

Adilson Abreu Dallari
Alécia Paolucci Nogueira Bicalho
Alexandre Coutinho Pagliarini
André Ramos Tavares
Carlos Ayres Britto
Carlos Mário da Silva Velloso
Cármen Lúcia Antunes Rocha
Cesar Augusto Guimarães Pereira
Clovis Beznos
Cristiana Fortini
Dinorá Adelaide Musetti Grotti
Diogo de Figueiredo Moreira Neto (*in memoriam*)
Egon Bockmann Moreira
Emerson Gabardo
Fabrício Motta
Fernando Rossi
Flávio Henrique Unes Pereira
Floriano de Azevedo Marques Neto
Gustavo Justino de Oliveira
Inês Virgínia Prado Soares
Jorge Ulisses Jacoby Fernandes
Juarez Freitas
Luciano Ferraz
Lúcio Delfino
Marcia Carla Pereira Ribeiro
Márcio Cammarosano
Marcos Ehrhardt Jr.
Maria Sylvia Zanella Di Pietro
Ney José de Freitas
Oswaldo Othon de Pontes Saraiva Filho
Paulo Modesto
Romeu Felipe Bacellar Filho
Sérgio Guerra
Walber de Moura Agra

FÓRUM
CONHECIMENTO JURÍDICO

Luís Cláudio Rodrigues Ferreira
Presidente e Editor

Coordenação editorial: Leonardo Eustáquio Siqueira Araújo
Aline Sobreira de Oliveira

Rua Paulo Ribeiro Bastos, 211 – Jardim Atlântico – CEP 31710-430
Belo Horizonte – Minas Gerais – Tel.: (31) 2121.4900
www.editoraforum.com.br – editoraforum@editoraforum.com.br

Técnica. Empenho. Zelo. Esses foram alguns dos cuidados aplicados na edição desta obra. No entanto, podem ocorrer erros de impressão, digitação ou mesmo restar alguma dúvida conceitual. Caso se constate algo assim, solicitamos a gentileza de nos comunicar através do e-mail editorial@editoraforum.com.br para que possamos esclarecer, no que couber. A sua contribuição é muito importante para mantermos a excelência editorial. A Editora Fórum agradece a sua contribuição.

Dados Internacionais de Catalogação na Publicação (CIP) de acordo com ISBD

V517k	Veríssimo, Levi *Killer acquisitions*: aquisição de empresas como meio de eliminação da concorrência / Levi Veríssimo. - Belo Horizonte : Fórum, 2022. 136p.; 14,5cm x 21,5cm. Inclui bibliografia. ISBN: 978-65-5518-368-9 1. Direito. 2. Direito Econômico. 3. Direito Concorrencial. 4. Antitruste. 5. Direito Digital. I. Título.
2022-1122	CDD 341.378 CDU 34:33

Elaborado por Vagner Rodolfo da Silva - CRB-8/9410

Informação bibliográfica deste livro, conforme a NBR 6023/2018 da Associação Brasileira de Normas Técnicas (ABNT):

VERÍSSIMO, Levi. *Killer acquisitions*: aquisição de empresas como meio de eliminação da concorrência. Belo Horizonte: Fórum, 2022. 136p. ISBN 978-65-5518-368-9.

LISTA DE ABREVIATURAS E SIGLAS

ADCT - Ato das Disposições Constitucionais Transitórias
Cade - Conselho Administrativo de Defesa Econômica
CMA - Competition and Markets Authority
DoJ - Department of Justice
FTC - Federal Trade Commission
HHI - Herfindahl-Hirschman Index
OCDE - Organização para a Cooperação e Desenvolvimento Econômico
P&D - pesquisa e desenvolvimento

SUMÁRIO

PREFÁCIO
Ana Frazão 9

INTRODUÇÃO 13

CAPÍTULO 1
O ESTADO DA ARTE NO CONTROLE DE ESTRUTURAS 23
1.1 Objetivos do Direito Antitruste e a proteção da inovação 24
1.2 A inovação como resultado do processo competitivo 33
1.3 O controle de estruturas e a proteção da inovação na legislação
    brasileira vigente 41
1.4 Conclusões do tópico 50

CAPÍTULO 2
KILLER ACQUISITIONS: EM BUSCA DA DEFINIÇÃO 53
2.1 Contextualização do problema 53
2.2 Insuficiência na definição de Cunningham *et al.* 58
2.2.1 Necessidade de sobreposição 58
2.2.2 O dano à concorrência decorrente da eliminação da inovação nos
      mercados digitais 68
2.2.3 Concorrência atual ou potencial 79
2.3 Conclusões do tópico 82

CAPÍTULO 3
PROGNÓSTICOS DA ANÁLISE ANTITRUSTE CONTRA AS
KILLER ACQUISITIONS 83
3.1 As aquisições eliminatórias como teoria do dano à concorrência
    e o papel da autoridade antitruste 83
3.1.1 O cenário contrafactual 86
3.1.2 Incentivos à inovação e à sua eliminação 88
3.1.3 Evidência empírica disponível e a consistência lógica da teoria 89
3.2 Formas de atuação antitruste contra as *killer acquisitions* 94

3.2.1 Definição de mercado relevante 97
3.2.2 Revisão do critério de notificação 103
3.2.3 Alterações no ônus da prova 109
3.2.4 Possibilidade de submissão de ofício da operação não notificada ... 115
3.2.5 Determinação de desfazimento da operação 117
3.2.6 Remédios 118
3.2.7 Tempestividade 119
3.3 Conclusões do tópico 120

CONCLUSÕES 123

REFERÊNCIAS 129

PREFÁCIO

É sempre uma grande honra e satisfação poder prefaciar o livro de um orientando, mas esses sentimentos potencializam-se ainda mais no caso concreto por duas razões. Em primeiro lugar, por se tratar de aluno especial e diferenciado, que, como é o caso do Levi Veríssimo, já se destacava desde a graduação pela inteligência, gentileza e competência. Em segundo lugar, por se tratar de tema apaixonante, atual e imprescindível: a questão das *killer acquisitions*.

Nesse sentido, a presente obra não poderia ser mais pertinente, diante da necessidade de que o Direito Antitruste resgate seus compromissos originários com a proteção de mercados competitivos, especialmente diante dos desafios inerentes à economia digital movida a dados, seara em que a análise concorrencial focada no aumento de preços já se mostrou claramente insuficiente para endereçar as novas questões concorrenciais.

Como bem aponta Lina Khan,[1] a postura convencional centrada nos preços não leva em consideração, com a devida atenção, preocupações fundamentais, tais como o bloqueio da competição potencial, a desaceleração da inovação, a perda de qualidade da concorrência, a estagnação das atividades econômicas, dentre tantos outros importantes aspectos.

Daí por que, no cenário atual, a obra de Levi Veríssimo nos mostra as razões pelas quais a proibição da exclusão abusiva de concorrentes potenciais deve ser compromisso absoluto do Direito Antitruste, salientando igualmente os riscos de que o referido diagnóstico seja de pouca serventia se não houver esforços correspondentes para a adaptação da análise antitruste diante dos novos desafios.

A partir da leitura da obra, fica muito claro que está mais do que na hora de tornar realidade o compromisso do Direito Antitruste com a inovação e de atribuir consequências práticas às ideias de competição pelos mercados, concorrência potencial, disrupção ou destruição criativa. Tais preocupações precisam ser incorporadas com urgência, ainda

---

[1] KHAN, Lina. Amazon's antitrust paradox. *The Yale Law Journal*, v. 126, n. 3, p. 564-907, jan. 2017.

que isso exija uma ressignificação dos propósitos do Direito Antitruste e uma adaptação da sua metodologia.

Certamente que uma das prioridades nessa seara deve ser o controle de estruturas. Especialmente em se tratando de mercados movidos ou influenciados pelo *big data*, mesmo aquisições pequenas podem ser concorrencialmente problemáticas, especialmente se realizadas por plataformas gigantes e tendo por objeto empresas que, em médio ou longo prazo, poderiam ser importantes rivais. Não se pode esquecer que os recursos do *big data* possibilitam àqueles que deles se utilizam mapear entradas e o crescimento de novos rivais com muita rapidez, a fim de criar estratégias anticompetitivas, seja para adquiri-los, seja para aniquilá-los.

Logo, especial atenção precisa ser dirigida à concorrência potencial e as estratégias das grandes agentes diante de entrantes e *startups*, até porque a única alternativa provavelmente viável para contestar o poder dos grandes agentes vem de pequenos negócios que podem implementar destruições criativas[2] ou mesmo disrupções. É por essa razão que atos de concentração na economia digital precisam ser submetidos a cuidadoso escrutínio diante dos riscos de se aniquilar a concorrência potencial.

É diante desse complexo cenário que Levi Veríssimo nos oferece uma belíssima obra, que retrata as principais questões sobre o tema por meio de um texto fluido, seguro e objetivo. Aliás, como o leitor poderá observar ao longo da leitura, é muito impressionante – assim como rara – a capacidade do autor de reunir tanta densidade com concisão.

Além de situar muito bem o debate teórico sobre o tema, o autor também nos apresenta análise empírica da qual se extrai a preocupante conclusão de que as autoridades antitruste simplesmente não estão avaliando o potencial anticompetitivo de estratégias ligadas às chamadas *killer acquisitions*. A partir daí, procura mapear as principais dificuldades para o devido escrutínio de tais aquisições, apontando soluções e medidas que viabilizariam o enfrentamento de tão grande desafio.

Ao assim fazer, a obra oferece contribuição de grande valor não apenas para os interessados pelo Direito Antitruste, mas também para todos os interessados em inovação, tecnologia e regulação. Não tenho dúvidas de que o leitor experimentará na leitura o mesmo prazer e aprendizado que tive durante a orientação e com o exame do trabalho final.

---

[2] SCHUMPETER, Joseph A. *Capitalism, socialism & democracy*. Londres: Routledge, 2003.

Para a sorte de todos nós, tudo leva a crer que esta será apenas a primeira de muitas outras contribuições que Levi Veríssimo ainda oferecerá ao longo de uma carreira profissional que, embora ainda no início, já vislumbro ser de muito brilho e realizações.

Ana Frazão
Professora Associada de Direito Civil e Comercial da Universidade de Brasília. Ex-Conselheira do Conselho Administrativo de Defesa Econômica (Cade).

INTRODUÇÃO

Recentemente, as transformações implementadas pela utilização do ambiente digital nas relações econômicas e sociais deram ensejo a preocupações com eventuais repercussões concorrenciais decorrentes do potencial exercício abusivo do poder de mercado, cuja ocorrência se dá de diferentes formas nesses setores. Em diversos países, há intenso debate acadêmico acerca do papel das agências antitruste na expansão da influência dos grandes agentes econômicos nesses mercados. Isso porque problemas tradicionais da análise antitruste ganham novos contornos diante da dinâmica de negócios criada pelo ambiente digital.

Em geral, considerando-se a significativa parcela de mercado e influência detida por poucos *players*, são crescentes os questionamentos sobre eventual omissão ou falha das autoridades concorrenciais em avaliar os parâmetros de competitividade nesses mercados e em que medida essa postura contribuiu para esse cenário de forte dominação por poucos agentes. As preocupações nesse cenário são diversas e relacionadas não só ao âmbito concorrencial. Ilustrativamente, os debates envolvem ainda questões como proteção de dados, privacidade e liberdade de expressão.

No âmbito do Direito Antitruste, a crescente rediscussão sobre os objetivos e adequação das ferramentas tradicionais de análise concorrencial decorre especialmente do grande poder de mercado alcançado por agentes dos mercados digitais, que ficaram conhecidos como *big techs*. Assim, diversas práticas desses agentes passaram a ser observadas à luz da teoria antitruste e, nessa medida, levantam-se questões sobre como a abusividade do poder de mercado praticada por grandes agentes do setor digital deve ser objeto de análise pelas autoridades de defesa da concorrência. Diante disso, surgem diversas questões relativas a diferentes práticas unilaterais ou coordenadas adotadas por esses agentes, bem como acerca das estratégias de aquisição de agentes econômicos pelas *big techs*, esse último ponto de especial interesse nesta obra.

A aquisição de empresas é estratégia comum nas cinco maiores empresas de tecnologia (Facebook, Amazon, Microsoft, Google e Apple): de 1990 a 2020, 770 operações de concentração envolveram essas empresas, cerca de 25 por ano.[3] Nesse universo aquisitivo, diversas operações escaparam do escrutínio antitruste por não alcançarem os critérios tradicionais de análise, pois usualmente a empresa adquirida não detinha faturamento suficiente para que a operação fosse notificada. Em 2020, esse cenário levou o Federal Trade Commission (FTC) a rever operações passadas dessas cinco empresas, para avaliar a necessidade de notificação das aquisições realizadas.[4]

Nesse contexto, potenciais efeitos concorrenciais decorrentes das aquisições de agentes inovadores ganham crescente atenção de agentes públicos e doutrinadores com foco nas concentrações econômicas, especialmente nos mercados digitais. Cunhou-se o termo *killer acquisitions* ou aquisições eliminatórias como referência à prática de incumbentes adquirirem novos agentes inovadores com o objetivo de retirá-los de operação. Este livro tem por objeto especificamente tais aquisições, que visam a eliminar o agente adquirido após a compra nos mercados digitais, fenômeno que detalharemos mais adiante.

Importante ressaltar que, embora tenha repercutido significativamente no âmbito da concorrência em mercados digitais, tal prática não é exclusiva desse setor. A notoriedade alcançada no ambiente de competição digital se dá em função das características desses mercados, bem como do grande poder econômico exercido mundialmente por poucos agentes e dos recentes casos de grandes aquisições que escaparam do escrutínio antitruste em diversas jurisdições, como os citados acima. Com efeito, a teoria das *killer acquisitions* foi observada inicialmente nos mercados farmacêuticos, onde empresas incumbentes buscavam evitar a concorrência potencial de entrantes inovadores por meio operações de fusão ou aquisição.

---

[3] Cf. CB Insights Visualizing Tech Giants' Billion-Dollar Acquisitions. *Visualizing Tech Giants' Billion-Dollar Acquisitions*, publicado em 5 maio 2020. Vide: https://www.cbinsights.com/research/tech-giants-billion-dollar-acquisitions-infographic/. Acesso em: jun. 2020. Somente nos últimos dez anos, Amazon, Apple, Facebook, Google e Microsoft adquiriram 400 empresas ao redor do mundo. Em 2017, gastaram R$31,6 bilhões de dólares na aquisição de startups. "*Meanwhile in the digital sector, the Furman review (2019) notes that in the last 10 years, Amazon, Apple, Facebook, Google, and Microsoft made around 400 acquisitions globally. In 2017, for example, the Economist reported that Alphabet (Google), Amazon, Apple, Facebook and Microsoft together spent USD 31.6 billion acquiring start-ups. Lear conducted an ex-post assessment of merger control decisions by the CMA in digital markets. It noted that Google, Amazon and Facebook made a combined total of 299 acquisitions between 2008 and 2018*" (OECD, 2020a).

[4] Cf.: FTC. *FTC to Examine Past Acquisitions by Large Technology Companies*. 11 fev. 2020. Disponível em: https://www.ftc.gov/news-events/press-releases/2020/02/ftc-examine-past-acquisitions-large-technology-companies. Acesso em: 13 jan. 2021.

Vale lembrar, nesse contexto, que dentre os elementos que se busca proteger por meio do Direito da Concorrência está – ao menos em tese – a inovação. Há certo consenso teórico de que dentre os objetivos do antitruste está a proteção da inovação, mesmo que de maneira indireta, como forma de garantir a contestabilidade dos mercados por novos agentes. Na prática, contudo, sabe-se da dificuldade de se aferir prévia e objetivamente o risco à inovação decorrente de determinada operação ou conduta, de modo que a inovação tornou-se tema histórico e principalmente ligado, dentre as áreas jurídicas, às normas propriedade intelectual e industrial.

Contribui para esse cenário também a prevalência, dentro da teoria antitruste, de pensamentos econômicos que defendem a eficiência e o bem-estar do consumidor como objetivos únicos do Direito da Concorrência, sob influência teórica da Escola de Chicago,[5] em detrimento a parâmetros supostamente de maior dificuldade de aferição como elementos de eficiência dinâmica, produtiva ou não baseados em eficiência (como a proteção ao meio ambiente, ao emprego e redução de desigualdades).

A relação entre concorrência e inovação não é nova nos debates sobre direito e economia, e muito se discute ainda sobre qual cenário concorrencial propicia maior incentivo à inovação. Não sem razão, permanece em aberto na doutrina a discussão sobre o papel do Direito Antitruste na proteção da inovação. Ainda na década de 40, a teoria da destruição criativa de Joseph Schumpeter influenciou fortemente os estudos sobre concentrações econômicas e investimento em pesquisa, tese que só foi contestada por Kenneth Arrow vinte anos depois. Enquanto Schumpeter admitia cenários em que o monopólio seria o ambiente mais propicio para inovações,[6] a teoria de Arrow apontava para o caminho contrário, em que a profusão de inovação teria relação com maior número de agentes no mercado.[7]

---

[5] Assim referido especialmente a obra de Robert Bork, *The Antitrust Paradox*, ciente de que a expressão não mais abrange uma corrente de pensamento único, diante da expansão do pensamento econômico atribuído ao autor.

[6] "Logo que descemos aos detalhes; e procuramos verificar em que itens isolados do orçamento foi maior o progresso, a pista não nos conduz às portas das firmas que funcionam em condições de concorrência comparativamente livre, mas exatamente aos portões das grandes empresas — as quais, como no caso da maquinaria agrícola, explicam grande parte do progresso observado no setor da concorrência — surgindo a suspeita chocante de que a grande empresa contribuiu mais para a criação desse nível de vida do que para reduzi-lo". (SCHUMPETER, 1961, p. 109)

[7] "*The only ground for arguing that monopoly may create superior incentives to invent is that appropriability may be greater under monopoly than under competition. Whatever differences may*

Na era de crescente influência das grandes empresas do meio digital em toda a economia, tal debate ganha novos contornos. A inovação é, em qualquer mercado, forma de desafiar a posição de agentes dominantes e mesmo transformar toda a dinâmica concorrencial de um dado setor. A dinamicidade dos mercados digitais é justamente o fator que atribui à inovação maior importância nesse contexto concorrencial, uma vez que permite a novos agentes contestarem a posição dominante de agentes estabelecidos (ou incumbentes) em cenários onde entrantes usualmente têm dificuldade para disputar mercados já existentes. Desse modo, os potenciais efeitos negativos da eliminação de concorrentes inovadores por meio de estratégias aquisitivas é questão observável em diversos mercados: na indústria farmacêutica e em setores que dependem de tecnologia e investimento em pesquisa são tradicionalmente objetos de estratégias predatórias que possuem como alvos novos produtos.

Não sem razão, o debate sobre as *killer acquisitions* – ou, em tradução livre adotada ao longo desta obra, aquisições eliminatórias –, ganhou originalmente atenção de pesquisadores sobre Direito Antitruste a partir da discussão levantada por Cunningham *et al.* (2018a) especificamente nos mercados farmacêuticos. Assim, o tema aqui debatido é amplo e deve levar em consideração as especificidades de cada mercado, de modo que o recorte metodológico escolhido envolve apenas os mercados digitais justamente para que seja possível uma análise mais aprofundada do fenômeno no ambiente competitivo restrito.

Nesse contexto, esta obra tem por objeto especificamente definir (i) os elementos caracterizadores da teoria das *killer acquisitions* – assim entendida a aquisição de agentes econômicos inovadores com o objetivo específico de eliminá-los – no âmbito dos mercados digitais; bem como (ii) o papel dos agentes de *enforcement* antitruste nesse cenário. Portanto, como afirmado anteriormente, o recorte metodológico oferecido é restrito aos mercados digitais, embora a teoria das *killer acquisitions* não o seja, inclusive em sua origem. A opção por esses mercados se faz tanto em razão das especificidades que potencialmente amplificam a necessidade de proteção da inovação e da concorrência nesse setor, como de maneira pragmática para que seja possível abordar o tema de maneira aprofundada com sua delimitação específica.

---

exist in this direction must, of course, still be offset against the monopolist's disincentive created by his preinvention monopoly profits". (ARROW, 1972, p. 622)

Importante notar, ainda nesse contexto de delimitação metodológica, que a eliminação do agente inovador pode se dar como manifestação de estratégia predatória mais ampla, não apenas por meio das fusões e aquisições, mas também por intermédio de condutas anticompetitivas. Exemplo prático dessa possibilidade é o desenvolvimento da função "*stories*" pelo Facebook após recusa da oferta de compra da rede Snapchat, postura adotada justamente como esforço para conter a concorrência diante do crescimento do Snapchat. Assim, é possível observar que a tentativa de eliminação do agente inovador se manifesta de formas diversas da fusão e aquisição eliminatórias, inclusive tal tentativa eventualmente se manifesta de formas legítimas e no exercício da livre iniciativa, de modo que não há a pretensão de defender que a proteção da inovação se esgote na teoria das aquisições eliminatórias, mas apenas que encontre nela um instrumento de preservação da inovação enquanto elemento fundamental da livre concorrência – especialmente no contexto em que o sistema de patentes se mostra insuficiente para proteger agentes inovadores.[8]

Embora não se desconsidere a relação das demais hipóteses de eliminação da inovação com o problema de pesquisa objeto do presente estudo, casos como esse são alvo do Direito Antitruste por meio do controle de condutas, de modo que serão abordados apenas tangencialmente ao longo desta pesquisa, uma vez que o objetivo central aqui é discutir as repercussões no controle de estruturas.

Para alcançar os objetivos destacados, além da definição do fenômeno, a obra destina-se a investigar em que medida o conceito de aquisições eliminatórias pode ser definido como um tipo de teoria do dano que enseje preocupação concorrencial e, em caso positivo, se o instrumental concorrencial existente é adequado diante desse cenário.

Desse modo, no contexto de preocupação com a inovação no cenário competitivo, a teoria das *killer acquisitions* conquista crescente atenção de pesquisadores e autoridades antitruste no mundo. Muitas perguntas, no entanto, não estão respondidas quanto às próprias bases dessa teoria. Qual é a definição do termo e a que casos se aplica a teoria das *killer acquisitions*? Quais são as premissas dessa teoria e elas estão de acordo com os objetivos do Direito Antitruste? Caso a teoria seja compatível com os dogmas do Direito Antitruste, qual papel da autoridade antitruste diante dessa realidade? Por fim, o modelo e critérios de análise antitruste existentes são suficientes para lidar com os

---

[8] Vide tópico 1.3 do Capítulo 1 deste livro.

potenciais danos identificados no âmbito da teoria estudada? Essas são, em síntese, as perguntas respondidas ao longo desta obra.

O estudo utiliza como marco teórico a amplamente difundida definição de Cunningham *et al.* (2018b), que analisou o fenômeno no âmbito da indústria farmacêutica, como ponto de partida na busca pela definição da teoria do dano das *killer acquisitions* aplicável aos mercados digitais. De início, é necessário destacar que a aplicação da teoria das *killer acquisitions* aos mercados digitais carece de dados empíricos específicos, em função de dificuldades inerentes a esse mercado que serão abordadas ao longo deste estudo. É inegável, contudo, que as hipóteses teóricas que levaram Cunningham, Ederer e Ma a testar cenários no setor farmacêutico – em que as verificações empíricas são viáveis graças ao rígido processo regulatório e de registro de patentes a que empresas e substâncias estão submetidas – são também aplicáveis aos mercados digitais.

A potencial aplicação da teoria aos mercados digitais se dá por três principais razões: (i) o elevado poder de mercado exercido por cinco grandes *players* nesse setor (Facebook, Amazon, Microsoft, Google e Apple, conhecidos pela sigla FAMGA ou pelo termo *big techs*);[9] (ii) grande número de aquisições de empresas nascentes, como *startups*, nesse setor[10] e (iii) a preferência estratégica das empresas dos mercados digitais por negócios que não despertem preocupações concorrenciais nos moldes atuais.[11]

Nesse contexto, sabe-se ainda que os chamados "mercados digitais" envolvem serviços diversos e possuem dinâmica concorrencial própria, objeto de intensos debates no âmbito da teoria antitruste.[12] Embora se aborde tradicionalmente os mercados digitais em conjunto, não se desconsidera que diversos setores atuam nesse ambiente. Assim, a busca pelos contornos da teoria das *killer acquisitions* levará em consideração as características desses mercados e as distinções de cada um.

Com efeito, à medida que expandem sua influência econômica e formas de atuação, a onipresença das grandes empresas de tecnologia traz a atenção de autoridades e estudiosos da doutrina antitruste. Nesse

---

[9] O termo *big techs* é mais amplo que a sigla FAMGA e pode incluir agentes de outros mercados, mas faz referência também aos cinco grandes agentes citados.

[10] Vide nota 1 *supra*.

[11] Depoimento de Diana Moss, Presidente do American Antitrust Institute. https://www.judiciary.senate.gov/imo/media/doc/Moss%20Testimony1.pdf.

[12] Ilustrativamente, Gautier & Lamesch (2020, p. 6) segmentam a atuação das *big techs* em seis grandes áreas: produtos para anunciantes, negócios, consumidores, comerciantes, editores de conteúdo e plataformas (especialmente hardware e sistemas operacionais).

cenário, considerando as diferentes áreas de atuação dessas empresas, faz-se necessário traçar as principais características desse setor do ponto de vista econômico e concorrencial. Por outro lado, considerando-se que o objetivo do livro não é explorar de maneira aprofundada as características relevantes dos mercados digitais que potencialmente exijam mudanças de paradigma na análise antitruste, mas sim os efeitos das aquisições eliminatórias nesse cenário, optou-se por destacar aquelas características dos mercados digitais que potencializam ou tornam arriscada – bem como de que forma e por qual motivo – a necessidade de aplicação da teoria das aquisições eliminatórias nesses mercados.

Quanto à metodologia adotada para recorte do problema de pesquisa, bem como para análise dos prognósticos envolvidos, a pesquisa parte de marcos teóricos no campo do Direito e Economia que demonstram a relevância do tema nos mercados digitais. Nesse contexto, o Direito Antitruste – e a pesquisa em seu campo – evidencia a constante tensão entre a ciência jurídica e econômica.

Conforme observa Ragazzo (2019), "o estudo do direito da concorrência não está, nem poderia estar, descasado das realidades e transformações jurídicas, econômicas". No entanto, os instrumentos e bagagem teórica que guiam o jurista divergem recorrentemente daqueles utilizados pelos economistas. Segundo a lição de Luís Fernando Schuartz (2008, p. 10), "economistas orientam-se em teorias, não em textos legislativos e precedentes judiciais". Assim, formular proposições científicas no campo do Direito Antitruste é desafiador por tratar justamente da fronteira entre dois campos de conhecimento diversos, com objetivos e marcos teóricos próprios.

Embora esta obra esteja inserida no contexto da pesquisa jurídica – e as premissas serão abordadas sob essa ótica –, não é possível desconsiderar a importância da teoria econômica na construção do Direito Antitruste. De todo modo, é necessário destacar que tais elementos são considerados aqui como ferramentas para alcance dos objetivos econômicos e sociais estabelecidos juridicamente.

A pesquisa envolve tanto questões de natureza jurídico-normativa (é dever da autoridade antitruste se preocupar com as *killer acquisitions*?), quanto fática (as operações potencialmente abrangidas pela teoria das *killer acquisitions* deixaram de ser analisadas pelas autoridades antitruste?), de modo que busca, para tanto, aplicar parâmetros metodológicos específicos em cada caso.

A metodologia na parte jurídico-normativa da análise envolve especialmente a revisão bibliográfica existente para uma aproximação teórica geral sobre controle de concentrações e, dada a ausência de literatura consolidada sobre o conceito de *killer acquisitions*, e a revisão das premissas de Cunningham *et al.* (2018b) – adotadas no contexto da indústria farmacêutica – em relação às características dos mercados digitais. A revisão bibliográfica incluiu extensa pesquisa em bases de dados indexadas, especialmente relativa aos termos "*killer acquisitions*", "mercados digitais", "mercados em plataforma" e "concorrência e inovação", bem como suas variações. Assim, por meio de abordagem indutiva, este estudo contribui para a literatura ao construir uma teoria do dano sobre *killer acquisitions* amplamente aplicável aos mercados digitais.

A opção pelo conceito de Cunningham et al. se dá diante da relevância acadêmica alcançada por sua pesquisa empírica realizada nos mercados farmacêuticos. Segundo dados do Google Scholar, o texto foi citado 119 vezes em publicações acadêmicas até janeiro de 2021, inclusive em debates no Congresso Nacional dos Estados Unidos, pelo ganhador do Nobel Jean Tirole (2018) em discurso na Comissão Europeia e serviu como referência em relatório da Organização para Cooperação e Desenvolvimento Econômico (OECD, 2020a). Não há textos acadêmicos sobre o tema que tenham alcançado repercussão semelhante.

Em seguida, busca-se construir uma teoria do dano concorrencial que permita às autoridades de defesa da concorrência a mensuração adequada dos impactos e a promoção de aquisições e fusões em cenário de segurança jurídica, à luz dos parâmetros de teoria de dano observados por Zenger e Walker (2012) no âmbito do direito concorrencial europeu.

A abordagem fática envolve a revisão de dados relativos ao setor farmacêutico trazidos por Cunningham *et al.*, bem como reúne informações consolidadas no cenário internacional trazidas pelas autoridades concorrenciais estrangeiras, pela OCDE, além de incluir dados específicos do Cade relativos à abordagem da autoridade quanto à promoção da inovação e revisão de operações com base no art. 88, §7º, da Lei de Defesa da Concorrência. A pesquisa fática foi realizada por meio da ferramenta de pesquisa processual do Cade e do sistema "Cade em números", disponibilizado no portal oficial da autoridade antitruste na internet. Os termos e parâmetros de pesquisa serão devidamente apresentados nas notas de rodapé ao longo do desenvolvimento.

O livro é dividido em cinco partes, incluindo essa introdução. O primeiro capítulo aborda o estado da arte no controle de estruturas e busca traçar um panorama dos debates acerca dos objetivos do antitruste e a proteção da inovação, bem como do cenário legislativo vigente no

Brasil em relação a essa abordagem. Por fim, observa a importância do processo competitivo como elemento catalizador da inovação.

O segundo capítulo aborda especificamente o problema de pesquisa, trazendo sua contextualização a partir da teoria de Cunnigham *et al.* e em busca dos elementos caracterizadores da teoria das *killer acquisitions*. Para tanto, a pesquisa analisa cada um dos elementos considerados por Cunnigham, Ederer e Ma no contexto da indústria farmacêutica e questionando sua eventual aplicação ao cenário concorrencial geral e, especificamente, aos mercados digitais.

Definidas as bases da teoria do dano analisada, o capítulo três traça um prognóstico de atuação por parte das autoridades antitruste, explorando potenciais ajustes metodológicos na abordagem tradicional. Nesse contexto, questões como definição de mercado relevante no cenário digital, eventual revisão do critério de notificação, alterações no ônus da prova, tempestividade, possibilidade de submissão de ofício das operações ou mesmo a determinação de desfazimento da operação são abordados. A última parte traz um resumo das conclusões alcançadas ao longo deste livro.

CAPÍTULO 1

O ESTADO DA ARTE NO CONTROLE DE ESTRUTURAS

Conforme veremos ao longo do presente estudo, a teoria das *killer acquistions* tem por objetivo principal a proteção da inovação. Nesse contexto, sem a intenção de esgotar o debate sobre objetivos do Direito Antitruste, uma vez que esse tema não é propriamente o objeto desta análise,[1] avaliaremos a necessidade específica de revisão ou não dos objetivos do antitruste sob a ótica da proteção da inovação – cerne da teoria das aquisições eliminatórias.

Além disso, o presente tópico discute o papel das autoridades antitruste na consumação de um cenário econômico excessivamente concentrado nos mercados digitais.[2] Nesse ponto, aborda-se à luz da teoria antitruste a (des)necessidade de mudança de postura das autoridades de defesa da concorrência diante de mercados excessivamente concentrados e com *players* que detenham grande poder de mercado, como é o caso dos mercados digitais.

Assim, antes de discutirmos a definição, a abrangência e as formas de aplicação dessa teoria, a presente seção discute (i) a compatibilidade da proteção da inovação com os objetivos teóricos do antitruste; (ii) a inovação como resultado do processo competitivo; e (iii) a proteção da inovação no ordenamento jurídico concorrencial vigente no Brasil.

---

[1] Para uma visão específica e detalhada sobre os objetivos do antitruste no Brasil, vide JACOBS, 1995; KOVACIC; SHAPIRO, 2000; CASTRO, 2017; e FRAZÃO, 2017.

[2] Recentemente, o Subcomitê Antitruste do Congresso Norte-Americano divulgou relatório em que conclui pelo monopólio de Google, Facebook, Amazon e Apple nos mercados de buscas online; redes sociais e publicidade online; vendas a terceiros online; e na distribuição de aplicativos na plataforma iOS, respectivamente (U.S. HOUSE OF REPRESENTATIVES, 2020).

1.1 Objetivos do Direito Antitruste e a proteção da inovação

A orientação da política antitruste – e do Direito Econômico em geral – é historicamente influenciada pela teoria econômica. Assim, naturalmente, ao longo dos anos, diferentes correntes teóricas predominantes transformaram os rumos e as interpretações dadas às normas antitrustes por seus aplicadores (sejam magistrados ou agentes integrantes da estrutura administrativa). Nesse contexto, a investigação sobre quais são os objetivos do antitruste passa pela observação da teoria econômica dominante e sua influência em determinado recorte temporal.

Na evolução histórica do Direito Antitruste, vivemos momento em que há ampla rediscussão sobre seus objetivos. Nesse cenário, é notável a crescente influência de teóricos chamados pós-Chicago[3] e neo-brandeisianos,[4] que advogam a necessidade de revisão dos objetivos do antitruste para abranger pontos além do critério de bem-estar econômico proposto pela Escola de Chicago – predominante entre agências antitruste e tribunais nos Estados Unidos e aplicado também no Brasil. De outro lado, teóricos neoclássicos ou ortodoxos, adeptos à Escola de Chicago, apontam que os critérios de eficiência econômica são suficientes para atender os objetivos normativos e econômicos do Direito Antitruste, bem como outros temas estariam fora do escopo da política de defesa da concorrência.

Antes da hegemonia teórica da Escola de Chicago (também denominada teoria neoclássica) na aplicação do Direito Antitruste

---

[3] Diversas teorias críticas ao pensamento de Chicago surgiram após sua ascensão, de modo que o uso do termo Pós-Chicago pode servir de referência a vários autores. Para fins do presente estudo, o termo Pós-Chicago é usado como referências aos movimentos que advogam a expansão da abordagem antitruste com vistas a sanar preocupações observadas no cenário digital. Tampouco se ignora a existência de doutrinadores que se posicionam em posições divergentes quanto ao grau de intervenção estatal antitruste para lidar com essas questões (como neoestruturalistas, neoschumpeterianos e adeptos da economia comportamental). Tais pensamentos serão considerados de maneira geral como favoráveis à postura mais interventiva, e as contribuições específicas de cada movimento serão observadas ao longo do Capítulo 3. Por fim, para mais detalhes sobre o surgimento das escolas Pós-Chicago, em sentido amplo, vide HOVENKAMP, 2001.

[4] Na década de 1970, o juiz da Suprema Corte norte-americana Lous D. Brandeis foi um notável crítico da tese de que o Direito Antitruste teria por objetivo único a proteção do *consumer welfare*. Em síntese, o pensamento jurídico de Brandeis defendia também a proteção dos pequenos competidores. Por esse motivo, os teóricos que atualmente defendem uma visão alargada dos objetivos do antitruste são também chamados de neobrandeisianos.

norte-americano,⁵ iniciada em meados da década de 1970, predominava uma visão chamada estruturalista do Direito Antitruste, inspirada na Escola de Harvard.⁶ Tal período foi marcado pelo foco dos julgadores nos parâmetros de "estrutura-conduta-performance" (*structure-conduct-perfomance*, conhecida pela sigla SCP) dos mercados, associados à lição de economistas como Joe Bain (1956; KOVACIC; SHAPIRO, 2000, p. 52), Carl Kaysen e Donald Turner (1959).

As bases teóricas da Escola de Harvard buscavam demonstrar a ausência de relação de causalidade entre economia de escala e concentração econômica, de modo que a regulação estatal sobre presunções estruturais seria o caminho mais adequado para garantir a chamada concorrência operacional (*workable competition*) (CLARK, 1940). O fortalecimento da política antitruste nesse período tem por fundamento a visão cautelosa dos governos com as grandes concentrações após a crise de 1929, bem como busca estabelecer formas de facilitar o ônus da prova⁷ governamental nesse contexto (KOVACIC; SHAPIRO, 2000, p. 49).

Na Alemanha, a Escola Ordo-Liberal ou Escola de Freiburg foi pioneira em críticas às correntes teóricas que admitiam monopólios e concentrações econômicas excessivas em prol do bem-estar do consumidor. Para os adeptos dessa visão, a ordem econômica seria organizada por meio da autocoordenação – entendida como normas de orientação dos negócios privados – e do autocontrole – entendido como a concorrência efetiva nos mercados. Segundo essa teoria, a concorrência seria a finalidade do Direito Antitruste, visto que seria impossível prever os resultados desejáveis desse processo (como a eficiência, por exemplo) e não seria possível entender o mercado como um processo natural, mas sim fruto de decisões jurídicas e políticas.⁸

A teoria da Escola de Ordo-liberal tinha clara preocupação com o aspecto social da ordem econômica, desenvolvida no contexto das décadas de 1930 e 1940. Conforme observa Castro (2017, p. 140), o pensamento ordo-liberal se destaca pelo reconhecimento da repercussão política da concentração econômica – tema de grande destaque entre

---

[5] Vale notar que outros fatores além da teoria de Bork foram determinantes para que as alterações de paradigma ocorressem no *enforcement* antitruste americano. Nesse contexto, destacam-se ainda a superação de modelos econômicos do período pós-Segunda Guerra, que tornou o mercado de inovação americano menos competitivo diante da Europa e Japão, bem como teorias de Phihllip Areeda e Donald Turner (KOVACIC, 1990, p. 33).

[6] Sobre a Escola de Harvard, vide Richard A. Posner, *The Chicago School of Antitrust Analysis*. University of Pennsylvania Law Review, 1979.

[7] Sobre o ônus da prova, vide o tópico 3.2.3 do Capítulo 3 deste livro.

[8] Sobre a defesa da concorrência como processo, vide a subseção iii deste capítulo.

teóricos pós-Chicago, especialmente no contexto do crescimento da influência política e econômica das *big techs*.

Para os teóricos neoclássicos, o objetivo do Direito Antitruste é, em última análise, o bem-estar do consumidor (*consumer welfare*) e, para alcançá-lo, o parâmetro adequado seria a eficiência econômica dos agentes. Herbert Hovenkamp (2001, p. 10) considera que a Escola de Chicago representou a primeira "abordagem econômica" na aplicação do *Sherman Act* desde sua entrada em vigor. Segundo os neoclássicos, a eficiência resulta da produção a custos menores e, por consequência, na redução do preço ao consumidor (SALOMÃO-FILHO, 2002, p. 23). A presunção de que eventual redução de custos será repassada ao consumidor admitiria inclusive a existência de mercados mais concentrados – e até monopolistas –, uma vez que a finalidade do antitruste seria a redução do preço ao consumidor.

Tais teóricos acreditam que os mercados tendem naturalmente a se comportar de maneira eficiente – punindo aqueles agentes ineficientes – e que as imperfeições dos mercados seriam transitórias.[9] Portanto, a intervenção estatal deveria se dar de maneira restrita, incorrendo em menor chance de erro e preservando os agentes que promovem o bem-estar do consumidor (JACOBS, 1995, p. 222).[10] No entanto, a teoria neoclássica encontra seus principais críticos ao desconsiderar outros fatores que podem afetar o bem-estar do consumidor, tanto de ordem subjetiva como objetiva.

Conforme observa Kovacic (1990, p. 6), o pensamento de Bork representa uma mudança paradigmática na atuação antitruste norte-americana, de um caminho "expansionista" nas décadas de 60 e 70 para postura "permissiva" na década de 80. Segundo Bork (1978, p. 427), a concorrência deve ser entendida como a maximização do bem-estar do consumidor ou da eficiência econômica. Assim, a decisão razoável em seu ponto de vista deve levar em conta, em caso de conflito, as prováveis perdas de eficiência alocativa de recursos e os ganhos de produção decorrentes do uso desses recursos. Para o autor, questões como a distribuição desses recursos não seriam objeto da análise antitruste. Bork entende que a racionalidade econômica das decisões antitruste é

---

[9] *"What distinguishes Chicago from its predecessors is not its application of economic theory, but its insistence on two fundamental propositions: that allocative efficiency, narrowly conceived, should be the exclusive goal of the antitrust laws; and that the legislative history of those laws requires, or at least permits, the judicial implementation of that narrow efficiency goal"* (JACOBS, 1995, p. 227).

[10] *"Chicagoans believe that markets tend toward efficiency, that market imperfections are normally transitory, and that judicial enforcement should proceed cautiously, lest it mistakenly proscribe behavior that promotes consumer welfare"*.

mais importante que os precedentes judiciais sobre a matéria – e que tal posicionamento estaria respaldado pelo ordenamento jurídico, notadamente o *Sherman Act*.

O paradoxo apontado por Bork em sua obra *The Antitrust Paradox* consistiria na suposta contradição entre a premissa e os efeitos da política antitruste aplicada nos Estados Unidos: em sua visão, embora tivesse sido formulada objetivando a promoção da livre concorrência, a aplicação da política estaria ocasionando a restrição indevida da concorrência. Assim, ao interpretar os objetivos da legislação antitruste dos Estados Unidos, Bork (1978, p. 51) formula a tese de que a maximização do bem-estar do consumidor seria o único objetivo legítimo das normas de defesa da concorrência.

Uma das preocupações de Bork (1978, p. 81) na formulação de sua teoria era justamente a previsibilidade e segurança das decisões jurídicas antitruste. Vale notar que a teoria do bem-estar do consumidor como único objetivo legítimo era aplicável não apenas ao controle de estruturas, mas também ao controle de condutas. Em sua visão, a análise de fatores como ineficiência alocativa e eficiência produtiva – que presumivelmente seriam repassadas pelas empresas aos consumidores – seria suficiente para decidir qualquer caso antitruste (BORK, 1978, p. 108). Para Bork,

> [...] 'concorrência', para fins de análise antitruste, deve ser entendido com um termo técnico significando o estado de coisas em que o bem-estar do consumidor não possa ser incrementado ou acrescido por uma decisão judicial. (BORK, 1978, p. 51)[11]

Sob a influência da teoria de Bork, o controle de estruturas norte-americano nas últimas décadas passou gradativamente a ser mais leniente com as concentrações econômicas: enquanto o *Merger Guidelines* de 1968 dizia que o *Department of Justice* iria impugnar usualmente operações entre firmas com participação de mercado de 5% cada ou entre uma empresa com 20% e a outra com ao menos 2% de *share*, a edição de 1982 do mesmo guia passou a considerar preocupantes *per se* as aquisições em mercados cujo Índice Herfindahl-Hirschman

---

[11] "'[c]ompetition,' for purposes of antitrust analysis, must be understood as a term of art signifying any state of affairs in which consumer welfare cannot be increased by judicial decree."

(HHI)[12] fosse superior a 1800 e sua variação (Δ) superior a 50 pontos[13] (KOVACIC; SHAPIRO, 2000; SHAPIRO, 2018).

Contudo, conforme observam Banerjee e Duflo (BANERJEE; DUFLO, 2019), a principal limitação do modelo teórico de Chicago é a presunção preditiva em relação à eficiência das operações. Os métodos econômicos à disposição de agentes e autoridades antitruste não garantem previsibilidade e segurança aos seus destinatários, pois partem de modelos teóricos que não se observam na realidade.

John Kwoka (2013, p. 619) anota que, na prática, a política de controle de estruturas nos Estados Unidos é consideravelmente mais permissiva do que orientam os *Merger Guidelines*. Além disso, ao observar detidamente diversas operações aprovadas pelas autoridades antitrustes naquele país, Kwoka conclui que grande parte dos negócios resultaram em aumento de preços, mesmo nos casos de imposição de remédios, o que indica a existência de falhas na condução da política de análise de atos de concentração, mesmo que exclusivamente baseada no critério de bem-estar do consumidor.

Ao passo em que o critério de eficiência e de bem-estar do consumidor foi amplamente adotado na prática norte-americana, a proteção da inovação também apareceu como diretriz de atuação dos órgãos antitruste naquele país, como se observa, por exemplo, no relatório do FTC denominado *Antitrust Regulation of Innovation Markets*, de 1995, e mesmo no *Horizontal Merger Guidelines*, de 2010, que contém tópico específico para endereçar questões como inovação e variedade de produtos. Percebe-se, dessa forma, que a adoção do critério de bem-estar do consumidor como objetivo antitruste não afasta, ao menos em tese, a proteção da inovação do escopo desses objetivos.

---

[12] "O HHI é calculado com base no somatório do quadrado das participações de mercado de todas as empresas de um dado mercado. O HHI pode chegar até 10.000 pontos, valor no qual há um monopólio, ou seja, em que uma única empresa possua 100% do mercado" (BRASIL, 2016).

[13] "*Post-Merger HHI Above 1800. Markets in this region generally are considered to be highly concentrated, having the equivalent of no more than approximately six equally sized firms. Additional concentration resulting from mergers is a matter of significant competitive concern, and the Department will resolve close questions in favor of challenging the merger. The Department is unlikely, however, to challenge mergers producing an increase in the HHI of less than 50 points" For mergers producing an increase in the HHI of from 50 to 100 points, the Department will base its decision whether to challenge the merger on the post-merger concentration of the market, the size of the resulting increase in concentration, and the presence or absence of the factors discussed in Sections III (8) and III (C). The Department is likely to challenge mergers in this region that produce an increase in the HHI of 100 points or more*" https://www.justice.gov/archives/atr/1982-merger-guidelines. Acesso em: 29 jun. 2020.

Por sua vez, a prática concorrencial na comunidade europeia seguiu um caminho de proteção da rivalidade e da estrutura da concorrência, com menor influência da revolução teórica de Chicago. Naquela jurisdição, a autoridade antitruste tende a permitir acordos de cooperação que tenham por justificativa a catalização da inovação, por ser um efeito concorrencial presumivelmente benéfico ao consumidor. Nesse contexto, o guia europeu de concentrações horizontais, publicado em 2004, também contém tópicos específicos sobre a importância da proteção da inovação no controle de estruturas.[14]

Embora a inovação apareça como objetivo do Direito Antitruste em diversos espectros doutrinários, as críticas dos teóricos considerados adeptos ao movimento Pós-Chicago persistem quanto à efetividade do discurso neoclássico na aplicação prática da proteção da inovação. Nessa linha, autores como Eleanor Fox e Lawrence Sullivan (1987) e, mais recentemente, Lina Khan (2017) questionam as premissas da Escola de Chicago para combater determinadas formas de dano à concorrência e mesmo a inviabilidade de que se restrinja o Direito da Concorrência à mera análise de eficiência.

Segundo Zoffer, (2019, p. 13), a maior contribuição do novo movimento antitruste (ou Pós-Chicago)[15] é apontar para a inadequação do critério de bem-estar do consumidor na era digital. No mesmo sentido, Lina Khan (2017) entende que os interesses a longo prazo do consumidor não estão protegidos pelo critério de bem-estar, pois tal fator só seria promovido de fato por um processo competitivo robusto e mercados abertos. Segundo a autora, ao permitir estruturas de mercado concentradas, o padrão de bem-estar ameaça os interesses de longo prazo. Inclui-se, nesse contexto, a potencial ameaça aos projetos inovadores em decorrência da dificuldade de permanência dos novos agentes em mercados dominados por empresas gigantes.

No Brasil, Calixto Salomão Filho (2002, p. 33) resume as críticas ao modelo neoclássico da seguinte forma: "é impossível garantir a persecução do interesse de determinado grupo através de considerações que levem, em teoria, apenas à maximização da riqueza global".

---

[14] Vide tópicos 38 e 45 das "Orientações para a apreciação das concentrações horizontais nos termos do regulamento do Conselho relativo ao controle das concentrações de empresas" da Comissão Europeia.

[15] Conforme destacado na nota 13 *supra*, o movimento Pós-Chicago não se resume aos teóricos focados nas mudanças trazidas pela era digital. Trata-se de movimento que, em síntese, reconhece as falhas do modelo de Chicago e admite a intervenção para evitar efeitos anticompetitivos, como, por exemplo, falhas informacionais e custos irrecuperáveis (*sunk costs*) (JACOBS, 1995, p. 223).

Para o autor, fatores além da redução do preço, como a diminuição da possibilidade de escolha do consumidor pela qualidade e a concessão excessiva de poder de mercado a um agente, não podem ser desconsiderados pela análise antitruste. Conforme aponta Ana Frazão (2017, p. 45), a superação aos dogmas da Escola de Chicago orientará o Direito Antitruste à direção mais intervencionista, na qual a atenção aos mercados de inovação será maior.

Os teóricos pós-Chicago são recorrentemente criticados pelos defensores do parâmetro de bem-estar econômico, especialmente em função da potencial insegurança jurídica proveniente da aplicação da teoria fundada em elementos que, na visão dos críticos, não seriam baseados em evidências. Por essa razão, é comum que os críticos denominem os movimentos heterodoxos de "populistas" (HURWITZ *et al.*, 2018; SHAPIRO, 2018; STOUT, 2020; WRIGHT; PORTUESE, 2019). Kristian Stout (2020), crítico ao movimento Pós-Chicago, diz que os teóricos neo-brandesianos tendem a direcionar seus argumentos em dois caminhos: (i) segundo a noção de que haveria um número ideal de concorrentes em determinado mercado, mesmo antes de esse ser competitivo e (ii) que a autoridade antitruste deve incentivar objetivos não concorrenciais, como direitos trabalhistas, combate à corrupção e desigualdade de renda.

Em um caminho intermediário, há autores que defendem a possibilidade de proteção da inovação como objetivo antitruste sem necessariamente ser alterado o paradigma de análise – o critério de bem-estar do consumidor. O conhecido relatório Furman da autoridade concorrencial britânica (2019, p. 93) considera que as alterações no paradigma antitruste não são necessárias para esse fim, pois o critério de bem-estar do consumidor poderia ser considerado dinamicamente.[16] O relatório conclui que eventual alteração no paradigma seria contraproducente, na medida em que criaria incertezas ao se distanciar dos atuais parâmetros adotados na prática antitruste.

---

[16] *The consumer welfare standard is most easily conceptualised in terms of prices and quantities. However, a number of other factors which impact on consumer welfare can be – and frequently are – considered by competition authorities, including quality, range of products, the service level available to consumers and innovation. (...) The consumer welfare standard can and should be considered dynamically. Many of the critics' concerns about protecting potential competition or anti-competitive behaviour can be included by considering cumulative consumer welfare over time. There is a strong body of economic theory and evidence underlying modern competition policy. This can allow some use of structural presumptions. More could be done to develop this area, in particular in light of the digital economy, and appropriate enhancements would remain fully consistent with the use of a customer welfare standard.* (FURMAN *et al.*, 2019, p. 93).

De maneira semelhante, relatório recente do Departamento de Estudos Econômicos do Cade sobre Concorrência em Mercados Digitais (2020), ao revisar vinte e um relatórios de autoridades antitruste sobre esse ambiente competitivo, conclui que há posição unânime nos relatórios analisados pela manutenção do *welfare standard* como objetivo das políticas de defesa da concorrência. Essa é também a conclusão de Richard Posner, em *Antitrust in the new economy* (2001), ao argumentar que a adaptação necessária do antitruste à economia digital é procedimental e não substancial ou teórica.

Assim, sob qualquer abordagem teórica, a proteção da inovação estaria incluída nos objetivos do Direito Antitruste. Na perspectiva de manutenção do parâmetro de bem-estar do consumidor, o próprio FTC[17] e a Suprema Corte americana[18] incluem a inovação como objetivo do antitruste, justamente por ser critério dinâmico da eficiência dos agentes. Por outro lado, na visão de autores do Pós-Chicago, como Lina Khan (2017, p. 737), a proteção da inovação representa interesse do Direito Antitruste que extrapola o mero custo do produto, de maneira semelhante à qualidade ou variedade.

Cabe destacar que não se ignora o viés ideológico contido na adoção do critério de bem-estar como objetivo único do Direito da Concorrência, que é plenamente passível de críticas sob aspectos diversos. A opção política por determinado objetivo da defesa da concorrência tem implicações diretas sobre o cenário econômico de qualquer país, de modo que não se pode desconsiderar nessa análise o contexto de desenvolvimento econômico e a tradição jurídica de cada jurisdição.

Tim Wu (2012, p. 1) observa que quase todos concordam que a inovação representa uma eficiência que deve ser protegida pelo ordenamento, inclusive pelo Direito Antitruste. No entanto, prossegue o autor, um direito que, de fato, entregue tal proteção ainda é inexistente na realidade.[19] Nesse contexto, o atual cenário de crescimento do poder

---

[17] *The intellectual property laws and the antitrust laws share the common purpose of promoting innovation and enhancing consumer welfare.* Vide: U.S. Department of Justice and Federal Trade Commission, Antitrust Guidelines for the Licensing of Intellectual Property, reprinted in 5 Trade Reg. Rep. (CCH), para. 13,132 (Apr. 6, 1994).

[18] "[T]*he aims and objectives of patent and antitrust laws may seem, at first glance, wholly at odds. However, the two bodies of law are actually complementary, as both are aimed at encouraging innovation, industry and competition.*" Atari Games Corp. v. Nintendo of Am., Inc., 897 F.2d 1572, 1576 (Fed. Cir. 1990); vide, ainda: Intergraph Corp. v. Intel Corp., 195 F.3d 1346, 1362 (Fed. Cir. 1999) *The patent and antitrust laws are complementary, the patent system serving to encourage invention and the bringing of new products to market by adjusting investment-based risk, and the antitrust laws serving to foster industrial competition.*

[19] "*Far from becoming central to the law's mission, the use of the law to promote innovation has actually retreated*".

econômico das grandes empresas de tecnologia exige a rediscussão das relações entre antitruste e inovação. Sob esse aspecto, conforme veremos no Capítulo 3 deste livro, consideramos que é possível a discussão sobre novas formas de atuação e posturas das autoridades antitruste diante do dever de proteção da inovação, inclusive por meio da alteração dos parâmetros tradicionais de análise.

Em última análise, a aplicação prática do critério de bem-estar do consumidor pelas autoridades antitruste tem representado a desconsideração da inovação como elemento a ser protegido pelo Direito Antitruste. Conforme observa Tim Wu (2012), não basta que manuais e teóricos apontem a inovação como objetivo legítimo antitruste, quando a metodologia aplicada não permite a análise aprofundada desse elemento no contexto concorrencial.

Portanto, há de se destacar que a experiência prática antitruste em diversas jurisdições tem historicamente relegado à propriedade intelectual o papel de protagonismo e, em muitos casos, de exclusividade na proteção da inovação. Conforme aponta Mark Lemley (2011, p. 2), a noção de que o Direito Antitruste deve se preocupar com a eficiência estática e a propriedade intelectual com a eficiência dinâmica é equivocada ou extremamente reducionista.[20] A efetiva proteção da inovação exigiria, nessa medida, a revisão dos parâmetros tradicionais ou, ao menos, reforma dos instrumentos tradicionais de análise para que a prática antitruste alcance seus objetivos.

Para todos os efeitos, a conclusão alcançada no presente tópico é a de que a proteção da inovação por meio do Direito Antitruste não exige, necessariamente, a superação do critério de bem-estar do consumidor, por estar esse objetivo contido tanto na vertente teórica da Escola de Chicago quanto em teorias críticas a essa. No entanto, a prática demonstra que o consenso teórico em torno da importância da inovação como elemento de eficiência econômica não significa necessariamente a efetividade do sistema de defesa da concorrência para a preservação de tal fator.[21]

Desse modo, embora entendamos ser necessária a alteração do paradigma de análise antitruste para outros fins, como defendem

---

[20] *"But that premise – that IP promotes dynamic efficiency while antitrust concentrates on static welfare – is wrong, or at least oversimplified".*

[21] Nesse sentido, a lição de Katz e Shelanski (2006, p. 17): *"Finally, the importance of innovation incentives raises the question of whether the enforcement guidelines and precedent aimed at promoting conventional competitive goals of low prices and high output are consistent with promoting the goal of efficient innovation".*

autoras como Fox, Khan e Frazão, tal mudança não é obrigatória para fins de aplicação da teoria das aquisições eliminatórias, uma vez que a proteção da inovação seria compatível com o Direito Antitruste mesmo para os adeptos ao *consumer welfare standard*, observadas as ressalvas já feitas aos efeitos práticos da aplicação dessa premissa.

Assim, remanesce-se a pergunta sobre como lidar com a inovação na prática antitruste, sob qualquer ótica teórica. Conforme apontam Katz e Shelanski (2006, p. 6), questões como a forma de adaptação das autoridades antitruste diante das mudanças tecnológicas encontram diferentes respostas na teoria do Direito Concorrencial, conforme veremos no tópico a seguir. Além disso, as premissas que permeiam cada um dos paradigmas serão devidamente abordadas ao longo da presente análise, na medida em que forem úteis na conformação da teoria das aquisições eliminatórias enquanto espécie de teoria do dano à concorrência.

1.2 A inovação como resultado do processo competitivo

É possível considerar, aprioristicamente, que um maior número de concorrentes leva à maior inovação? Esse é um debate que há tempos ocupa economistas e juristas, e que tem repercussões sobre o papel do Direito Antitruste diante das aquisições eliminatórias. A resposta a essa pergunta influencia diretamente a forma de abordagem, se mais ou menos interventiva, da autoridade antitruste diante de atos de concentração que representem ameaça a agentes inovadores.

Como vimos ao longo do tópico anterior, há certo consenso teórico sobre a inovação ser levada em conta na análise antitruste, tanto sob a ótica hegemônica da Escola de Chicago quanto das teorias críticas a ela. Buscaremos, neste tópico, discutir a relação entre concorrência e inovação, de modo a contribuir para as discussões sobre a abordagem das autoridades antitruste nesse cenário. A pergunta a ser investigada é se há premissa teórica mais adequada para lidar com a proteção e incentivo à inovação por meio do Direito Antitruste.

Necessário observar, de início, que a aquisição de concorrentes inovadores pode ser analisada sob ótica mais ampla, consistente na estratégia aquisitiva dos agentes incumbentes com o objetivo específico de eliminar concorrentes atuais ou potenciais, mais do que eliminar apenas a inovação. Nesse sentido, faremos, neste tópico, apontamentos teóricos sobre a proteção da concorrência como um processo competitivo, de modo que a teoria das aquisições eliminatórias seja observada também nesse enquadramento, bem como buscaremos demonstrar a importância do Direito Antitruste nesse contexto. As reflexões ora propostas auxiliam na avaliação do papel do controle de estruturas na proteção da inovação, considerando-se um cenário em que (i) a eliminação de concorrentes se dá por outros meios além da concentração econômica e; (ii) os meios tradicionais de proteção da inovação, como as patentes, se mostram insuficientes. Assim, investigaremos se uma abordagem antitruste em prol da adoção de uma política da concorrência com o objetivo de proteção do processo competitivo seria mais efetiva para proteção da inovação (em oposição ao modelo de bem-estar do consumidor como finalidade).

De maneira geral, a racionalidade econômica das fusões e aquisições é usualmente atrelada ao ganho de eficiência ou a sinergia gerada pela união das empresas envolvidas no negócio. Por sua vez, a regulação jurídica da concentração econômica, realizada por meio do Direito da Concorrência, tem por justificativa a garantia da livre concorrência e dos livres mercados, conforme previsto no ordenamento jurídico. Assim, a abordagem que observe também aspectos de eficiência dinâmica – como a inovação – tem relação direta com a garantia efetiva do livre mercado.

A abordagem tradicional do controle de estruturas, sob o paradigma de Chicago, possui evidente preocupação com os resultados da operação de concentração econômica em relação a preços e produção em determinado mercado no curto prazo. Sob essa ótica, aspectos como inovação seriam analisados na etapa de eficiências das concentrações, que usualmente são objetos de avaliação apenas em concentrações complexas.[22] A preocupação das autoridades se dá, nessa medida, principalmente com relação a aspectos estáticos em detrimento à análise de eficiências dinâmicas, como a inovação. Embora os resultados desse modelo sejam questionáveis, mesmo para alcançar objetivos defendidos pela Escola Neoclássica (KWOKA, 2013), tal abordagem evidentemente tem menor preocupação com efeitos do negócio no que concerne à inovação. Aponta-se, ainda, carência de ferramentas do paradigma de Chicago para uma abordagem adequada com o propósito de proteção da inovação.

Nesse sentido, conforme debatido ao longo do tópico anterior, o Direito Antitruste focado exclusivamente no bem-estar do consumidor e na eficiência produtiva, forma hegemônica da prática antitruste, deixa de dispensar atenção a fenômenos intrinsicamente ligados à estrutura

---

[22] Vide tópico 1.3 sobre o procedimento de controle de concentrações vigente no Brasil.

competitiva, como a qualidade dos produtos e a própria inovação. Cogita-se, assim, que a ampliação dos objetivos do antitruste, com vistas a garantir a incolumidade do processo competitivo – e não apenas o bem-estar do consumidor – possa servir também para a proteção dos processos inovadores.

Segundo críticos do modelo de Direito Antitruste focado unicamente no critério de bem-estar do consumidor, o objetivo original do antitruste sempre foi "a desconcentração de poder privado por meio da proteção do processo competitivo" (STEINBAUM; STUCKE, 2020, p. 601). Desse modo, a garantia de um sistema concorrencial segundo o critério de concorrência efetiva sugerido por teóricos pós-Chicago, como Steinbaum e Stucke, envolve política mais intervencionista do ponto de vista antitruste. O desafio para implementação dessa política seria tanto a definição do conceito de processo competitivo efetivo (*effective competitive process*) quanto a formulação de instrumentos e métodos de análise que permitam sua aplicação na prática.

Extrai-se da proposta de Steinbaum e Stucke, ecoada também por autores como Lina Khan (2017) e Tim Wu (2012), a ideia de que o Direito Antitruste serve para proteção da concorrência e não dos concorrentes permanece presente no regime do *effective competitive standard*: a premissa é a preservação das oportunidades para os concorrentes, bem como a promoção da autonomia e bem-estar individuais.

Embora não se negue que eventual mudança para uma abordagem estrutural, com foco na proibição da concentração excessiva dos mercados, possa favorecer um ambiente de inovação, tal reforma deverá vir acompanhada de parâmetros claros e objetivos para que alcance sua finalidade. Por esse motivo, muitos teóricos pós-Chicago defendem a adoção de presunções estruturais para abordagem de mercados concentrados, assunto que abordaremos com maior profundidade no Capítulo 3 deste livro, ao tratarmos dos prognósticos da análise antitruste para lidar com as *killer acquisitions*.

Nessa linha, Lina Khan (2017), ao analisar a postura da Amazon nos mercados de vendas online, conclui pela insuficiência da metodologia tradicional de análise antitruste diante da arquitetura do poder de mercado na economia moderna. Sob essa perspectiva, a autora destaca a necessidade de que as autoridades antitruste levem em consideração fatores além do preço, como a desaceleração da inovação.

De modo geral, as conclusões de Lina Khan são direcionadas à inabilidade das ferramentas tradicionais do Direito Antitruste em lidar com determinadas formas de dano à concorrência, especialmente aqueles a longo prazo. Essas observações são extraídas especificamente da dinâmica dos mercados digitais, por meio da observação do comportamento da Amazon, que expandiu seu poder de mercado do setor de varejo para diversas áreas da economia virtual. Nessa medida, a autora aponta a necessidade de que a norma antitruste e a política de defesa da concorrência promovam não o bem-estar, mas mercados competitivos (KHAN, 2017, p. 737).

Em linha com esse argumento, Steinbaum e Stucke (2020) analisam a insuficiência do sistema antitruste norte-americano, fundado no parâmetro de bem-estar do consumidor debatido anteriormente, para lidar com a questão do exercício abusivo do poder de mercado. Esse cenário leva os autores a sugerirem a substituição do *consumer welfare standard* pelo que denominam *effective competition standard*, que advoga a defesa da concorrência como um processo.

Conforme observa Ana Frazão (2020), a ideia de livre mercado tem por premissa a permanência daqueles agentes mais eficientes, pelos seus próprios méritos. A inovação bem sucedida, enquanto incremento marginal ou substancial[23] na qualidade de um produto ou serviço, representa justamente o mérito do agente inovador em permanecer no mercado. Nessa linha, ao analisar os objetivos da legislação antitruste brasileira, Calixto Salomão Filho (2002, p. 33) conclui que a proteção do sistema concorrência – a existência da concorrência efetiva ou potencial – é a "única maneira efetiva de garantir" a repartição de benefícios econômicos com o consumidor.

No âmbito dos mercados digitais, sabe-se que poder de mercado existente permite às plataformas digitais impedir o crescimento de entrantes inovadores (usualmente concorrentes em potencial) de diversas formas. Nesse sentido, relatório publicado pelo Stigler Center (ZINGALES; LANCIERI, 2019, p. 4) cita o caso do banimento, pelo Facebook, de anúncios sobre criptomoedas em suas plataformas um ano antes de anunciar sua própria moeda, denominada Libra, para ilustrar as hipóteses de exercício de poder abusivo por parte dos incumbentes – mesmo em mercados em que não exercem concorrência efetiva. O mesmo relatório, ao descrever a dimensão da concentração do poder de mercado exercido por Google e Facebook, compara as plataformas

---

[23] Na mesma linha, Tim Wu categoriza as inovações em internas e externas: enquanto as inovações externas consistem na entrada de um novo produto ou serviço no mercado (como a criação do computador pessoal pela IBM na década de 80 ou o smartphone pela Apple na década de 2000), inovações internas decorrem do aprimoramento de produtos já existentes (como a criação de um novo sabor de tabaco). Para o autor, as inovações externas seriam mais importantes por permitirem a "disrupção" do mercado e, ao mesmo tempo, incentivarem as inovações internas (WU, 2012).

dominantes ao que representam, somadas, ExxonMobil, The New York Times, JPMorgan Chase, NRA e Boeing.[24]

Em síntese, o referido relatório aponta para a necessidade de diminuição do poder político e econômico das plataformas digitais como forma de endereçar os desafios implementados pela profusão desse modelo de negócio, em linha com os teóricos pós-Chicago. Para além dos problemas de concentração econômica e inovação ora debatidos, o relatório destaca também desafios relacionados à liberdade de expressão, proteção de dados e influência política das plataformas.

Antes mesmo das discussões atuais sobre inovação e concorrência, a teoria de Kenneth Arrow (1972, p. 15) apontava para evidências econômicas substanciais que relacionam o processo competitivo (e um número maior de concorrentes) com a promoção da inovação. Isso porque o mercado em monopólio ou altamente concentrado tende a ter menos incentivos a investir em inovações que podem, em última análise, representar ameaça à posição de dominação exercida pelos incumbentes.[25] Assim, mesmo que o investimento em inovação represente potencial melhora no bem-estar do consumidor, a própria estrutura concentrada dos mercados consiste em obstáculo para que essa inovação seja observada de fato.

No cenário de aplicação de um parâmetro de concorrência efetiva, a permanência do competidor eficiente (como os inovadores) no mercado não pode ser mero argumento retórico: evitar o abuso de posição dominante do agente incumbente é parte essencial na materialização dessa face do livre mercado. Caso os grandes agentes possam adotar estratégias aquisitivas sem justificativas razoáveis – e sem o escrutínio das autoridades antitruste – não se tem um cenário de livre mercado de fato. Nesse ponto, teorias antitruste que advogam a proteção do processo competitivo se distanciam daquelas que defendem o bem-estar do consumidor como parâmetro único, especialmente sob a ótica de proteção da inovação.

Nesse contexto, é necessário destacar que muitas vezes o sistema de controle de estruturas não é suficiente para garantir a proteção dos agentes inovadores, argumento que favorece adeptos de uma reforma

---

[24] "In sum, Google and Facebook have the power of ExxonMobil, the New York Times, JPMorgan Chase, the NRA, and Boeing combined. Furthermore, all this combined power rests in the hands of just three people". (ZINGALES; LANCIERI, 2019, p. 10).

[25] The only ground for arguing that monopoly may create superior incentives to invent is that appropriability may be greater under monopoly than under competition. Whatever differences may exist in this direction must, of course, still be offset against the monopolist's disincentive created by his preinvention monopoly profits.

antitruste mais ampla. Para ilustrar esse cenário, lembremos novamente do caso da oferta de compra da rede Snapchat pelo Facebook. Em 2013, apenas dois anos após sua fundação e em momento de plena expansão na sua base de usuários, a rede social Snapchat recusou uma oferta de 3 bilhões de dólares feita pelo Facebook. Após a recusa, o Instagram – rede social pertencente ao grupo econômico do Facebook – passou por alterações que simulavam as funcionalidades do Snapchat, como o envio de imagens que se apagavam após segundos de exibição e o uso de filtros que permitiam a personalização de fotos dos usuários com elementos gráficos digitais.

As alterações levaram a um crescimento exponencial da base de usuários do Instagram e, consequentemente, à vertiginosa queda dos usuários do Snapchat. Entre 2014 e 2015, o Instagram ganhou mais de 100 milhões de usuários em apenas nove meses.[26] Na direção contrária, dois anos após a abertura do capital em 2018, o Snapchat ainda não tinha se tornado uma companhia lucrativa nos balcões de ativos.[27]

O caso do Snapchat demonstra que, em mercados dominados por agentes com grande poder econômico, empresas inovadoras podem ser compelidas a aceitarem ofertas eliminatórias, sob pena de serem eliminadas ou vítimas de práticas abusivas por parte desses grandes agentes. Nesse sentido, a atuação de órgãos de defesa da concorrência para inibir o exercício abusivo de posição dominante é primordial para o efetivo exercício do livre mercado. No cenário de omissão das agências antitruste, empresas inovadoras podem considerar que o risco de retaliação por recusarem ofertas de aquisição é alto demais, sendo a concretização da venda a única saída racionalmente viável do ponto de vista econômico.

Portanto, temos um panorama acerca da defesa da inovação no contexto de uma política antitruste voltada para a proteção do processo competitivo como sugerido pelos teóricos pós-Chicago, e não apenas para o bem-estar do consumidor e a eficiência produtiva. Além de ser possível constatar que o parâmetro *mainstream* de Chicago não considera, na prática, fatores como inovação ao longo da análise concorrencial, as teorias reformistas apontam para um cenário mais promissor

---

[26] SHINAL, J. Mark Zuckerberg couldn't buy Snapchat years ago, and now he's close to destroying the company. CNBC. Publicado em 12 jul. 2017. Disponível em: https://www.cnbc.com/2017/07/12/how-mark-zuckerberg-has-used-instagram-to-crush-evan-spiegels-snap.html. Acesso em: 12 dez. 2020.

[27] Techcrunch: Snapchat hits 218M users but bug Q4 losses sink share price. https://cutt.ly/njbaCq2. Acesso em: 12 dez. 20.

da inovação caso o foco do Direito Concorrencial seja a estrutura dos mercados em todos os níveis.

A abordagem em prol da presunção estrutural ganha ainda mais importância ao considerarmos que a inovação bem sucedida – aquela que não apenas inova, mas alcança parcela suficiente do mercado para se manter em operação – ocorre, muitas vezes, de maneira inesperada, por meio de tentativas rotineiras dos agentes concorrentes, de modo que a proteção do processo competitivo em si já representa importante instrumento catalizador da inovação nos mercados.

Nesse contexto, cabe novamente diferenciarmos o processo de inovação do mercado farmacêutico – que motivou a pesquisa de Cunningham *et al.* – e os mercados digitais. De fato, o processo de inovação na indústria farmacêutica assemelha-se ao modelo pensado por Schumpeter, ao defender a importância dos monopólios no incentivo à inovação. Schumpeter descreve a inovação como um processo solitário, realizado por um único empreendedor ou empresa do início ao fim: nesse contexto, os gastos com pesquisa e desenvolvimento seriam suportados por um único agente que, ao final, seria premiado com a patente e consequente exploração exclusiva do produto que desenvolveu.

O rígido processo regulatório a que estão submetidos os medicamentos é outro passo custoso da inovação nesse mercado, que se diferencia também dos mercados digitais em tal medida. Uma vez desenvolvido e aprovado um medicamento novo, o custo de criação do genérico é consideravelmente menor, fazendo com que a patente seja um instrumento útil nesse contexto (LEMLEY, 2011, p. 7) – e o que não significa que a aquisição eliminatória deixe de ser um problema por esse motivo. Cunningham observa que, no mercado farmacêutico, um adquirente incumbente tem menos incentivos a continuar o desenvolvimento de um projeto inovador do que um empreendedor se o novo projeto resulta em sobreposição com o portfólio desse incumbente.

Por sua vez, nos mercados digitais, a inovação não pode ser atribuída em regra a projetos exclusivos, desenvolvidos isoladamente por apenas um agente. A história do desenvolvimento de softwares aponta para a produção de produtos inovadores mesmo na ausência da proteção de patentes.[28] Por essa razão, Lemley (2011, p. 7) defende que as inovações nos mercados digitais são improváveis em cenários de monopólio e não demandam gastos substanciais e permanentes em

---

[28] Vide COHEN, Julie E.; LEMLEY, Mark A. *Patent Scope and Innovation in the Software Industry*, 89 California Law Review, v.. 1, p. 7-16, 2001.

pesquisa e desenvolvimento, pois surgem de ideias relativamente mais simples que muitas vezes surgem ocasionalmente – potencialmente melhor protegidas por segredo industrial e não pelo sistema de patentes. Nas palavras de Lemley (2011, p. 3):

> Se a concorrência, e não apenas o monopólio, serve para incentivar a inovação, o uso do Direito Antitruste para tal fim existe em considerável tensão com o uso das normas de propriedade intelectual para o mesmo fim.

Os comentários sobre as diferenças dos processos inovadores não têm por objetivo sugerir alterações no modelo de patentes, mas apenas demonstrar (i) a importância da livre concorrência para o desenvolvimento de novos produtos nos mercados digitais e (ii) a insuficiência desse modelo para proteger e incentivar a inovação nesse cenário. Quanto ao último ponto, ressalte-se que embora o sistema de patentes possa assegurar o monopólio da exploração econômica de determinado código-fonte pelo desenvolvedor do software, sabe-se que isso não significa a proteção da ideia em si, que pode ser copiada pelo agente dominante – justamente como ocorreu no mencionado caso Snapchat.

Sidak e Teece (2009, p. 611) ecoam o argumento de que a proteção da inovação não será alcançada por meio da análise focada em parâmetros estáticos, mas sim por intermédio da presunção de que a diversidade de agentes é mais eficiente:

> *In particular, policymakers should use the tools of static analysis sparingly, if at all. Simple rules based on static analysis may well produce policy actions and judicial decisions that impede competition. In particular, policymakers should de-emphasize concentration analysis. To prohibit mergers merely to manage concentration is unlikely to help consumers. More generally, policy should overturn the presumption that more competitors are always better - the goal is not merely lowering price, but also protecting innovation.*

Nessa medida, a inovação nos mercados digitais pode ser vista como resultado do próprio processo competitivo. Por sua vez, práticas como as aquisições eliminatórias subvertem a lógica de livre mercado ao visarem a inovação como objetivo a ser eliminado – e não incentivado ou superado – de determinado mercado.

A mudança na abordagem antitruste em relação às estratégias exclusionárias, na medida em que preserve a ampliação de opções ao consumidor, pode ser interpretada como esforço no sentido de proteção à inovação. Justamente esse é o entendimento de Tim Wu (2012), ao defender que o aumento do custo da exclusão de concorrentes representa um incentivo ao investimento em inovação. Nesse cenário, um controle de estruturas mais rígido, ao tornar mais custosa a eliminação de novos agentes, contribuiria para a proteção da inovação. Assim, retomando o foco no controle de estruturas, reacende-se a discussão relativa à suficiência dos critérios atuais de notificação obrigatória de fusões e aquisições, especialmente aquelas em que o agente interessado detém posição dominante nos mercados afetados pela operação.[29]

Por fim, destaque-se que a defesa de um sistema concorrencial que tenha por objetivo a proteção do processo competitivo e não apenas o bem-estar do consumidor não ignora a necessidade de que sejam formuladas ferramentas e métodos claros de análise para esse fim, sob pena de termos como resultado um sistema concorrencial excessivamente subjetivo, que não dê aos agentes a devida segurança e previsibilidade. Ainda, conclusões sobre a insuficiência das normas de propriedade intelectual para proteger a inovação nos mercados digitais não necessariamente se aplicam a outros mercados.

Nesse contexto, analisaremos a seguir o panorama atual de controle de concentrações à luz da legislação brasileira e a adequação dos instrumentos de controle de concentrações existentes sob essa ótica.

1.3 O controle de estruturas e a proteção da inovação na legislação brasileira vigente

Sabe-se que o Direito Antitruste atua tanto de maneira repressiva, por meio da sanção às condutas anticompetitivas, quanto preventiva, por intermédio do controle de estruturas.[30] A premissa que fundamenta esse caráter dual de atuação é que a atuação repressiva não é suficiente para conter a formação de estruturas empresariais que representem risco à livre concorrência em função da posição dominante adquirida ou reforçada pela operação (FRAZÃO, 2017, p. 109).

O controle de estruturas é uma forma estatal de limitação do poder econômico. Tal instrumento surge como reflexo do próprio princípio da livre concorrência: o processo de livre escolha exige que variáveis como preço e qualidade dos produtos não sejam artificialmente manipulados pelos agentes, seja por meio da colusão ou do exercício unilateral do poder de mercado (SALOMÃO-FILHO, 2002, p. 28).

---

[29] Sobre revisão dos critérios de notificação, vide o item 3.2.2 do Capítulo 3.
[30] Por todos, cf. SALOMÃO-FILHO, 2002.

Conforme visto nos tópicos anteriores, a Escola de Chicago tem por premissa a autocorreção e a entrada de agentes como condição natural dos mercados, de modo que o incumbente poderia ser desafiado sempre que um concorrente desejasse (STEINBAUM; STUCKE, 2020, p. 598). Nessa medida, o controle de estruturas reflete diretamente no exercício do livre mercado, ao ter efeito sobre as condições de saída e entrada de agentes nos mercados relevantes.

A noção de que o controle de concentrações deve ser restrito aos mercados altamente concentrados está de certa forma consolidada na prática antitruste atual, embora a orientação legislativa não defina concentração de mercado – nem sequer restrinja a atuação preventiva aos mercados concentrados.[31] Essa premissa é atribuída à teoria de Robert Bork (1978, p. 219) na já mencionada obra *The Antitrust Paradox*, em que sugere o controle de concentrações seja avaliado conforme o grau de participação de mercado dos agentes, de modo que concentrações monopolísticas sejam ilícitas *per se* e a concentrações que envolvam menor participação de mercado fossem presumivelmente legais.

Conforme visto nos tópicos anteriores, o Direito Antitruste – e por consequência o controle de estruturas – incorporou na fundamentação de seu modelo de análise as teorias econômicas, na busca por dar às suas decisões objetividade e racionalidade. Em relação à atuação preventiva, a dificuldade está justamente em considerar parâmetros replicáveis (aplicáveis indistintamente a todos os agentes que se enquadrem em critérios pré-definidos) a um exercício que terá por base um cenário futuro – no qual a operação foi aprovada ou reprovada. Essa dificuldade prática de atuação é manejada pelas autoridades de defesa da concorrência conforme instrumentos legais à disposição.

No ordenamento jurídico brasileiro, o Conselho Administrativo de Defesa Econômica é a autoridade competente para atuar em casos de infrações à ordem econômica e analisar os atos de concentração econômica que alcancem o critério de notificação estabelecido por lei ou ato infralegal. A função de autorizar previamente concentrações de

---

[31] No Brasil, a norma em vigor dispõe que "serão proibidos os atos de concentração que impliquem eliminação da concorrência em parte substancial de mercado relevante, que possam criar ou reforçar uma posição dominante ou que possam resultar na dominação de mercado relevante de bens ou serviços, ressalvado o disposto no § 6º deste artigo" (Art. 88, §5º, da Lei nº 12.529/2011). Na comunidade europeia, a EC Merger Regulation segue o mesmo sentido em seu art. 2: "2.2 *A concentration which would not significantly impede effective competition in the common market or a substantial part of it, in particular as the result of the creation or strengthening of a dominant position, shall be declared compatible with the common Market*".

empresas é especialmente importante para a ordem econômica por impedir a concretização de negócios que gerem desequilíbrio de mercado e prejuízos ao consumidor e ao mercado. Assim, o Estado brasileiro intervém nos mercados por meio do Cade para impedir violações à ordem econômica.

Justamente por ser parte integrante da estrutura administrativa, o Cade tem o dever de observar o princípio da legalidade e, em suas decisões, ater-se aos parâmetros de controle estabelecidos pela Constituição Federal e pela legislação ordinária (especialmente a Lei nº 12.529, de 2011). A autoridade antitruste atua por meio do exercício da função administrativa que lhe foi outorgada por lei devidamente promulgada pelo Congresso Nacional.

No âmbito do debate sobre os objetivos do antitruste – e consequentemente do controle de concentrações –, haverá invariavelmente uma opção política na escolha de uma orientação teórica a ser seguida. Como visto nos tópicos anteriores, tal discussão é indiferente para fins de proteção da inovação, embora tenha reflexos diretos na abordagem dada pela autoridade antitruste diante de casos potencialmente danosos a agentes inovadores.

O controle de concentrações é uma das funções do Sistema Brasileiro de Defesa da Concorrência, na forma dos arts. 88 e 90 da Lei nº 12.529, de 2011 (também conhecida como Lei de Defesa da Concorrência). Segundo a norma, o Conselho Administrativo de Defesa Econômica (Cade) possui competência para apreciar operações de concentração econômica que tenham efeito no território nacional. De acordo com os parágrafos 5º e 6º do art. 88 da Lei de Defesa da Concorrência, os atos de concentração econômica que impliquem eliminação da concorrência em parte substancial do mercado relevante, a criação ou reforço de posição dominante ou que possam resultar na dominação do mercado relevante de bens ou serviços só poderão ser autorizados se, na análise de ganhos de eficiência específica da operação, sejam gerados efeitos positivos e repassados ao consumidor.

Sob essa ótica, uma operação não é proibida *per se*, mas apenas se os efeitos líquidos da operação forem negativos (diz a norma: "serão proibidos os atos de concentração que impliquem eliminação da concorrência em parte substancial de mercado relevante, que possam criar ou reforçar uma posição dominante ou que possam resultar na dominação de mercado relevante de bens ou serviços"). A lei permite ainda a aprovação de operações com efeitos negativos se forem necessários para alcançar as eficiências descritas no §6º do art. 88, dentre os quais se destaca, para fins do presente estudo, a hipótese da alínea "c": "propiciar a eficiência e o desenvolvimento tecnológico ou econômico". Desse modo, cumpre ao Cade verificar, em casos de operações com potencial reprovabilidade, se os efeitos negativos da operação superam ou não seus efeitos positivos. Contudo, o método empregado para avaliação desses efeitos é, em grande medida, subjetivo não só no tribunal antitruste brasileiro, mas também no exterior. Isso porque o legislador usualmente não dispõe de meios para determinar de maneira satisfatória os critérios específicos a serem utilizados para tanto e, dessa forma, a norma acaba por oferecer parâmetros genéricos aplicáveis a todos os casos pela autoridade competente.

O Guia para Análise de Atos de Concentração Horizontal do Cade (2016, p.9) aponta que o método clássico de controle de estruturas envolve, em geral, até cinco etapas: (i) definição do mercado relevante; (ii) análise do nível de concentração horizontal; (iii) avaliação de probabilidade de uso de poder de mercado (considerando variáveis como tempestividade, probabilidade e suficiência de entrada de novos agentes e nível de rivalidade); (iv) avaliação do poder de compra; e (v) ponderação de eficiências inerentes à operação. O Guia destaca ainda que as etapas não são obrigatórias e não necessitam seguir qualquer sequência.

Nesse modelo, a análise de efeitos da operação geralmente está restrita à quinta e última etapa. Assim, procede-se à avaliação dos efeitos positivos e negativos do ato de concentração, ponderando-se eventuais prejuízos para "o bem-estar dos consumidores advindos da eliminação da concorrência" (BRASIL, 2016, p. 45).

Segundo o art. 88 da Lei nº 12.529/2011, atualizado por portaria do Poder Executivo, são notificáveis obrigatoriamente no Brasil os atos de concentração econômica em que (i) pelo menos um dos grupos envolvidos na operação tenha registrado faturamento no ano anterior à operação igual ou superior a R$ 750 milhões; e (ii) pelo menos outro grupo envolvido na operação tenha registrado faturamento no anterior à operação igual ou superior a R$ 75 milhões. Conforme veremos no Capítulo 3 deste livro, a Lei prevê ainda hipótese subsidiária de submissão de ofício da operação em até um ano do fechamento da operação, mesmo que não se enquadre nos mencionados critérios de faturamento.

Em síntese, a premissa do controle de estruturas é evitar a concentração excessiva de poder econômico nas mãos de um ou de poucos agentes, pois tal situação é propícia para o abuso de posição dominante. Trata-se, portanto, de função essencial ao exercício da livre concorrência, ao bom funcionamento da ordem econômica e até mesmo do regime democrático. Entretanto, o próprio núcleo duro do conceito de "bem-estar do consumidor" e a forma de alcançá-lo encontram divergências na teoria e na prática antitruste. Conforme se depreende de relatório da OECD (2020a), preço, qualidade e informação são as características comumente analisadas quando se fala de "eficiência" das concentrações.

Por outro lado, há valores qualitativos além dos citados pela doutrina majoritária que podem interferir no bem-estar do consumidor, como acesso à saúde, ao emprego, à educação e ao meio ambiente ecologicamente equilibrado (princípios dispostos no art. 170 da Constituição Federal). Doutrinadores antitruste ortodoxos, como visto anteriormente, são resistentes à possibilidade de avaliação de fatores externos aos puramente econômicos no âmbito do exercício do controle de estruturas e condutas. A mera dificuldade prática de mensuração desses fatores ou a possibilidade genérica de haver um cenário de insegurança, no entanto, não são argumentos capazes de afastar a necessidade de aplicação da norma em sua integralidade, em conformidade com todo o ordenamento – e não em tiras, conforme expressão do Ministro Eros Grau por ocasião do julgamento da Arguição de Descumprimento de Preceito Fundamental nº 101.[32]

Em que pese a resistência da corrente hegemônica na aplicação de um Direito Antitruste plural em seus objetivos, a Constituição Federal e a legislação brasileira reconhecem expressamente essa pluralidade de interesses ao tratarem da ordem econômica (SALOMÃO-FILHO, 2002, p. 36). Sob a perspectiva estritamente positivista, não haveria discussão acerca da conformidade da legislação brasileira com o objetivo de proteção da inovação por meio do Direito da Concorrência.

Para além da possibilidade de proteção da inovação por meio da aplicação do critério de bem-estar do consumidor discutido nos tópicos anteriores, é necessário observar se a legislação brasileira orienta a autoridade antitruste no sentido da proteção da inovação. Nesse sentido, a Constituição Federal de 1988 e a Lei de Defesa da Concorrência não apontam, de maneira expressa, a proteção da inovação como objetivo da ordem econômica (CF, art. 170) ou do Direito Antitruste (cf. Lei nº 12.529/2011). Todavia, há no texto constitucional a indicação expressa do dever estatal de promoção da inovação (cf. art. 218 e seguintes).[33]

---

[32] Não se interpreta o direito em tiras; não se interpreta textos normativos isoladamente, mas sim o direito, no seu todo --- marcado, na dicção de Ascarelli, pelas suas premissas implícitas. STF. Pleno. ADPF 101. Voto-vista Min. Eros Roberto Grau. Publicado em 04.06.2012, DJe n. 108.

[33] Art. 218. O Estado promoverá e incentivará o desenvolvimento científico, a pesquisa, a capacitação científica e tecnológica e a inovação.

No mesmo sentido, a recente Lei nº 13.874, de 2019, também conhecida como "Lei da Liberdade Econômica", dispôs em seu art. 4º, IV, ser dever da administração pública, no exercício da regulamentação de norma pública:

> Art. 4º (...)
> IV – evitar o abuso do poder regulatório de maneira a, indevidamente:
> (...) redigir enunciados que impeçam ou retardem a inovação e a adoção de novas tecnologias, processos ou modelos de negócios, ressalvadas as situações consideradas em regulamento como de alto risco.

Ainda, o incentivo à inovação é política pública federal estabelecida por meio da Lei nº 10.973, de 2004, que institui como princípio a "promoção e continuidade dos processos de desenvolvimento científico, tecnológico e de inovação" (art. 1º, II) e determina a destinação de recursos públicos para estímulo à inovação.

Extrai-se dos referidos dispositivos um comando geral aos órgãos e entes da administração pública, inclusive o Cade, para que se abstenham de "impedir ou retardar" a inovação por meio de seus regulamentos. De maneira geral, pode-se concluir que eventual aplicação da política de controle de estruturas em sentido contrário ao estímulo à inovação representa uma contradição diante da análise sistemática da legislação brasileira, em potencial violação aos princípios da legalidade e da eficiência administrativa estabelecidos pelo art. 37, *caput*, da Constituição Federal.

Também no sentido de promoção da inovação, conforme destacado anteriormente, a Lei de Defesa da Concorrência vigente (nº 12.529, de 2011) excepciona do controle de estruturas os atos de concentração econômica que propiciem "a eficiência e o desenvolvimento tecnológico ou econômico" (art. 88, §6º, *c*), mesmo que "impliquem eliminação da concorrência em parte substancial de mercado relevante, que possam criar ou reforçar uma posição dominante ou que possam resultar na dominação de mercado relevante de bens ou serviços" (art. 88, §5º).

O Guia para análise de Atos de Concentração Horizontal (2016) aborda a questão da inovação brevemente no tópico "métodos complementares e alternativos de análise", em que enuncia:

> Empresas *mavericks* são aquelas que apresentam um **nível de rivalidade do tipo disruptivo**. Geralmente são empresas com um baixo custo de produção e uma baixa precificação que força os preços de mercado para baixo ou empresas que se caracterizam por sua inventividade e

estimulam a permanente inovação no segmento em que atuam. Nesse sentido, sua presença independente no mercado pode disciplinar os preços das empresas com maior *market share*.

O Cade pode considerar que o AC que envolva uma empresa com uma estratégia de liderança de custos, **de inovação** ou de nicho, por exemplo, pode diminuir a concorrência atual ou potencial do segmento, diminuir a rivalidade e desestimular a inovação no mercado em análise, ainda que a variação do HHI seja baixa.

No que se refere à possibilidade de efeitos coordenados gerados pela operação, é importante considerar que empresas do tipo *maverick* podem dificultar a formação de cartéis, caso estejam dispostas e sejam capazes de ampliar sua produção diante de uma restrição de oferta por parte das empresas em conluio (BRASIL, 2016, p. 51, grifos aditados).

No entanto, o Guia e as resoluções do Cade não apresentam parâmetros específicos de análise nesses casos, o que acaba refletindo na própria postura da autoridade diante de operações dessa natureza. Não sem razão, a jurisprudência do Cade sobre proteção à inovação no controle de estruturas é ainda incipiente – em linha com as limitações que apontamos à abordagem em prol do *consumer welfare*.

Desse modo, em que pese a clareza dos dispositivos acima elencados, o Direito Antitruste brasileiro é um caso único de colonização estrangeira sem reflexão, o que permitiu a "desconstitucionalização" da concorrência no Brasil (SCHUARTZ, 2008, p. 11). Nesse contexto, os operadores do direito antitruste tomam como premissa instrumental teóricos importados da doutrina norte-americana e europeia sem a necessária conformação dos seus efeitos ao cenário jurídico nacional. Assim, na prática, o direito antitruste afastou-se das normas gerais de livre-concorrência como elemento do ordenamento jurídico, desenvolvendo-se "à margem da Constituição". Ao longo desta obra, consideraremos sempre que a análise antitruste deve, por força normativa, observar a preservação de todos os princípios que orientam a ordem econômica.

À primeira vista, o debate acerca da influência do texto constitucional sobre a aplicação das normas antitruste parece óbvio: segundo a noção de hierarquia das normas, os preceitos estabelecidos na Constituição precederiam qualquer interpretação que se busque dar à Lei de Defesa da Concorrência. Contudo, conforme observa Schuartz (2008), a influência da teoria antitruste norte-americana sobre a formação da legislação brasileira de defesa da concorrência acabou gerando o distanciamento entre o antitruste brasileiro e o texto constitucional – fenômeno chamado de desconstitucionalização do Direito da Concorrência.

Em que pese a legitimidade dos argumentos em qualquer campo da teoria antitruste, o ordenamento jurídico brasileiro não admite que a aplicação da norma infraconstitucional prescinda da sua compatibilidade com o texto constitucional, ao contrário. Nesse sentido, Ana Frazão (2017, p. 41) aponta que o distanciamento do Direito da Concorrência nacional das discussões de natureza constitucional é o efeito mais deletério do processo de colonização do direito antitruste brasileiro.

Por outro lado, não se ignora as críticas à incorporação de critérios não econômicos em sentido estrito à análise antitruste. Especialmente para adeptos da Escola de Chicago, a insegurança jurídica gerada por esse movimento pode ser prejudicial ao funcionamento dos mercados e, nessa medida, contrária ao propósito da defesa da concorrência. No entanto, a mera dificuldade em estabelecer parâmetros objetivos para aferição de determinado critério não é suficiente para afastar orientações constitucionais expressas. Cabe, nesse caso, a teoria econômica que se conforme aos parâmetros estabelecidos pela Constituição da República, sob pena de que seja dada interpretação inconstitucional das normas antitruste.

Vale observar que, mesmo dentro da teoria hegemônica de prevalência do bem-estar do consumidor como objetivo do Direito Antitruste, há utilização de critérios contestáveis do ponto de vista da segurança jurídica, fator que fragiliza as teorias contrárias a uma visão mais ampla da proteção da concorrência – especialmente em setores onde a concorrência se dá pelos mercados (*for the market*), conforme abordaremos adiante. Nesse contexto, cite-se ilustrativamente o critério de entrada tempestiva, que possui ampla discussão sobre seus efeitos na segurança jurídica da análise antitruste, demonstrando a dificuldade em mensurar o bem-estar do consumidor de maneira objetiva (FRAZÃO, 2017, p. 43).

Até mesmo o argumento de defesa da segurança jurídica para adoção do parâmetro de bem-estar do consumidor merece ser questionado. Nesse sentido, vale lembrar que a teoria de Bork admite a aplicação da teoria econômica em detrimento do que foi expressamente indicado pelo legislador, postura que vai de encontro à noção de previsibilidade e segurança jurídica. Nesse sentido, trecho de sua obra:

> [T]he Clayton Act and the Robinson-Patman Act direct the courts' attention to specific suspect business practices [...] Congress has indicated its belief that they may[...] injure competition. Is a court that understands the economic theory free, in the face of such a legislative declaration, to reply that, for example, no vertical merge rever harms competition? The issue is not free from doubt, but I think the better answer is yes (BORK, 1978, p. 409-10).

Assim, sob a ótica da defesa da concorrência, subsiste pretensa discussão sobre a possibilidade de o Cade deixar de aplicar princípios amplos de proteção à ordem econômica, como os dispostos no art. 170 da Constituição Federal, por dificuldade de aferição ou mesmo por não estarem abrangidos no conceito de "bem-estar" econômico importado da teoria de Chicago. Entendemos que tal discussão é recorrente justamente em função do distanciamento entre teoria antitruste brasileira e os mandamentos constitucionais estabelecidos em 1988, como observado por Schuartz (2008) e Frazão (2017). São elucidativas as observações de Celso Campilongo a esse respeito:

> O CADE não é órgão de defesa do consumidor e nem agência reguladora. O CADE é Tribunal administrativo. Apenas aplica o Direito. É "entidade judicante". Detém "jurisdição em todo o território nacional" (artigos 4.º, 5.º e 6.º, dentre outros, da Lei n.º 12.529/11). Cuida da aplicação do Direito Antitruste em praticamente todos os mercados. Não programa abstratamente e não regula genericamente nenhum setor. Toma decisões programadas pelos limites que a Lei define e em casos concretos.
> As decisões do CADE, ao contrário daquilo que ocorre nas agências reguladoras – o que, definitivamente, não é o caso do CADE –, são vinculadas a cadeias normativas que o CADE não cria, não modifica e não controla. Em resumo, exatamente porque não legisla nem regula, não toma decisões "vinculantes" de cadeias normativas. O CADE julga, é dizer, toma decisões "vinculadas" à Lei!
> (...)
> As razões de decidir do julgamento do CADE estão na Lei Antitruste. Não há grande margem de discricionariedade, inclusive e especialmente quanto ao julgamento de mérito. (CAMPILONGO, 2020).

Desse modo, em síntese, entende-se que a definição sobre os objetivos do antitruste – bem como sua aplicação prática – não pode estar desconectada daquilo que foi estabelecido pela Constituição Federal, especialmente nos arts. 170 e 173, §4º (FRAZÃO, 2017, p. 46). Essa constatação, naturalmente, amplia a noção de que o Direito Antitruste deveria se restringir à proteção do bem-estar do consumidor. Sabe-se que a ampliação dos objetivos gera dificuldades inerentes ao processo prático de análise por parte das autoridades, mas tal fator não pode ser definido segundo conveniência e oportunidade do agente, haja vista a opção constitucional expressa.

A preocupação exclusiva com a fixação de preços e a utilização dos preços como parâmetro de aferição do bem-estar – e mesmo o conceito de bem-estar como objetivo do Direito Antitruste – são heranças de um Direito Antitruste influenciado por teóricos da Escola de Chicago. Nas palavras de Tim Wu, a fixação de preços foi descrita por muito tempo como o "mal supremo" do antitruste, ao passo que, na perspectiva de promoção da inovação, fatores como qualidade e barreiras de entrada são especialmente relevantes e historicamente relegadas (WU, 2012). Nesse sentido, Lina Khan entende que a definição de concorrência enquanto proteção do "bem-estar" – equivalente a efeitos de preço no curto prazo – é desprovida de ferramentas para examinar a arquitetura do poder de mercado na economia moderna (KHAN, 2017).

Assim, temos um cenário legislativo e constitucional em que (i) a pluralidade de finalidades do Direito da Concorrência é expressamente reconhecida pelo ordenamento jurídico, embora não haja aplicação plena desse mandamento na prática antitruste e (ii) e a proteção da inovação é orientação expressa dos textos normativos, e sua aplicação no ambiente concorrencial pode ser extraída a partir da interpretação sistêmica da legislação. O próprio Cade assim reconhece e alerta os agentes para a importância da inovação em seu guia, embora a jurisprudência de controle de concentrações não forneça sinais de aplicação prática dessa orientação.

1.4 Conclusões do tópico

O presente capítulo buscou discutir três tópicos principais: (i) se a proteção da inovação é compatível com os objetivos teóricos do Direito Antitruste, tanto à luz do paradigma hegemônico de Chicago quanto das teorias pós-Chicago; (ii) a visão da inovação como fruto do processo competitivo e se há um modelo teórico antitruste mais adequado para a proteção dos agentes inovadores; e, por fim, (iii) a compatibilidade do controle de estruturas brasileiro para a proteção da inovação, sob a ótica da legislação vigente.

Quanto ao primeiro ponto, é possível observar que a Escola de Chicago abrangeu, ao menos em tese, a inovação como objetivo a ser alçado indiretamente pelo Direito da Concorrência, apesar de pouca efetividade prática dessa premissa na análise antitruste. Em síntese, conclui-se que o cenário consolidado de controle de concentração nas jurisdições europeias, americana e brasileira tem por premissa a ideia de que as discussões sobre objetivos do antitruste são indiferentes para inserção da proteção da inovação nesse escopo, uma vez que as principais correntes teóricas entendem que a inovação deve ser objeto de preocupação do Direito Antitruste.

Por outro lado, as teorias pós-Chicago assumem a postura de pluralidade de objetivos do Direito Antitruste, dentre os quais inclui-se a inovação. Assim, embora a mudança de paradigma não seja um fator essencial para a proteção da inovação por meio do Direito Antitruste, a abordagem antitruste que tem por premissa a proteção da concorrência parece mais adequada para esse fim. Além disso, a análise tradicional antitruste necessitaria de reformas para dar efetividade à proteção da concorrencial sob o paradigma de Chicago.

No segundo ponto, observamos que a inovação pode surgir como resultado do processo competitivo, especialmente diante das características dos mercados digitais. Nesse cenário, além da proteção do sistema de patentes se mostrar insuficiente, a opção por um paradigma antitruste voltado para a proteção das estruturas de mercado e do processo competitivo em si parece mais efetivo na busca pela proteção da inovação.

Quanto ao terceiro ponto, após análise panorâmica do ordenamento jurídico concorrencial brasileiro, é possível observar que há, na legislação concorrencial vigente, a ideia – mesmo que implícita – de que a inovação é fator positivo no processo competitivo. Os guias de análise antitruste editados pelo Cade seguem o mesmo caminho.

Além disso, a leitura sistemática do ordenamento permite observar claro comando no sentido de promoção da inovação por parte da Administração Pública, de modo que seria no mínimo contraditório que o controle de estruturas atuasse no sentido contrário. Contudo, a colonização implementada pelos ideais de Chicago dificultam a aplicação prática dessas orientações normativas e distanciam o Direito Antitruste brasileiro da Constituição Federal. Desse modo, concluímos que a proteção da inovação dependeria, em maior medida, de alterações funcionais do que teóricas.

Nesse cenário, passaremos a analisar os pressupostos da teoria das aquisições eliminatórias (*killer acquisitons*).

CAPÍTULO 2

KILLER ACQUISITIONS: EM BUSCA DA DEFINIÇÃO

2.1 Contextualização do problema

Conforme destacado anteriormente, são objetivos da presente pesquisa (i) definir o fenômeno das *killer acquisitions*; (ii) determinar em que medida tal conceito pode ser definido como um tipo de teoria do dano que enseje preocupação concorrencial; e (iii) em caso positivo, se o instrumental concorrencial existente é adequado diante desse cenário. Vimos, inicialmente, as discussões sobre a compatibilidade do Direito Antitruste para a proteção da inovação justamente por esse ser o objeto da teoria das *killer acquisitions*. Ao longo do presente capítulo, abordaremos com maior profundidade o especificamente conceito e abrangência do termo *killer acquisitions*.

Assim como sugerido pela OECD (2020b, p. 6), o presente estudo tem por hipótese que as aquisições eliminatórias não constituem categoria autônoma de atos de concentração, mas sim representam uma teoria do dano aplicável à análise das concentrações econômicas. Desse modo, não seria possível classificar um ato de concentração como eliminatório aprioristicamente, sem levar em conta as motivações, os aspectos específicos da operação e, especialmente, o potencial dano à concorrência causado pela operação.

Embora seja objeto de debate crescente na doutrina antitruste, o termo *killer acquisition* não encontra definição única na academia ou jurisprudência antitruste. O tema está inserido no contexto do exercício do controle de estruturas pelas agências de defesa da concorrência.

Desse modo, trata-se de preocupação específica com a concentração de empresas, seja por meio de aquisição, fusão ou celebração de negócios jurídicos que ensejem influência econômica. Com efeito, também em função da novidade do tema, a teoria das *killer acquisitions* apresenta diversas versões.

A primeira menção ao termo *"killer acquisitions"* encontrada ao longo da revisão bibliográfica realizada para fins da presente obra é de artigo de 2006, publicado em 2007 por Carlin *et al*. Os autores apontam a existência de registros anteriores de estudo das "aquisições catastróficas" (*catastrophic acquisitions*) desde 1983 e durante a década de 1990.[34] Naquele caso, no entanto, o foco era diverso daquele proposto por Cunningham *et al*.: em seu estudo, Carlin *et al*. (2007) definiram *killer acquisitions* como "transações que levam não só a dissipação do valor para a parte adquirente, mas que resultam em resultado profundamente negativo que a consumação da operação resulta na potencial liquidação da empresa pós-operação". Como se vê, trata-se de preocupação diversa, de casos em que a aquisição de uma empresa acaba acarretando prejuízo aos adquirentes e posterior fechamento da empresa resultante (daí o uso da expressão *killer*). Os demais estudos também traziam preocupação semelhante, em cenário distinto ao que propusemos observar. Assim, o termo *killer acquisitons*, objeto de debate da atual doutrina antitruste, é, de fato, recente – e carecedor de parâmetros mínimos de aferição.

O fenômeno das *killer acquisitions* como entendido atualmente é definido por Cunningham *et al*. (2018, p. 2) como "a aquisição, pela firma incumbente, de empresas concorrentes com o objetivo de descontinuar projetos inovadores e evitar competição futura". Como destacado anteriormente, a teoria de Cunningham *et al*. é restrita à indústria farmacêutica, assim como seus resultados empíricos. Contudo, a definição de *killer acquisition* proposta pelos autores é pretensamente aplicável a toda teoria antitruste (CUNNINGHAM; EDERER; MA, 2018b).

A pesquisa de Cunningham *et al*., cuja atualização foi publicada no ano de 2019, é amplamente citada[35] como referência acadêmica na análise das *killer acquisitions*. O estudo é restrito ao setor farmacêutico e analisa 16 mil projetos de desenvolvimento de medicamentos, bem como conclui que entre 5,3 a 7,4% das aquisições no período de vinte

---

[34] Cf. (AGRAWAL; JAFFE; MANDELKER, 1992; FRANKS; TITMAN, 1991; HEALY; PALEPU; RUBACK, 1997; JENSEN; RUBACK, 1983).

[35] Segundo dados do Google Scholar, até dezembro de 2020, o texto foi citado 119 vezes em publicações acadêmicas, inclusive em debates no Congresso Nacional dos Estados Unidos, pelo ganhador do Nobel Jean Tirole em discurso na Comissão Europeia e em relatório da Organização para Cooperação e Desenvolvimento Econômico (OECD).

e cinco anos poderiam ser consideradas *killer acquisitions*. Os autores também concluem que tais operações escapam, em muitos casos, do escrutínio antitruste por serem negócios realizados por valores abaixo do mínimo legal definido como critério de notificação naquela jurisdição.

Embora restrita aos mercados farmacêuticos, a teoria de Cunningham *et al.* é o ponto de partida para a análise das aquisições eliminatórias nos mercados digitais justamente pela influência que exerce nos debates sobre o tema. Vale registrar, entretanto, que do ponto de vista metodológico não é possível replicar inteiramente as premissas utilizadas nesse marco teórico por diversos motivos, como a restrição regulatória a que está submetida a inovação nos mercados farmacêuticos[36] (o que não ocorre em mercados digitais) e a própria inexistência de critérios únicos e consensuais para definição dos mercados digitais, bem como as já mencionadas diferenças no processo de inovação entre os referidos mercados.[37]

Geoffrey A. Manne, presidente do *International Center for Law and Economics*, em depoimento ao Subcomitê Antitruste do Congresso Nacional dos Estados Unidos, referiu-se às *killer acquisitions* como "a aquisição de um concorrente nascente ou potencial com o objetivo de frustrar qualquer efeito competitivo que esse rival possa exercer antes que ele 'cresça demais'" (MANNE, 2020, p. 38). Manne entende que o desafio das agências antitruste seria identificar como a potencial vedação a aquisições anticompetitivas causariam menos danos ao consumidor com falsos positivos do que falsos negativos nas análises das operações – de modo que, para ele, a teoria das *killer acquisitions* seria um *nonsense* antitruste.

A posição de Manne não é solitária na academia. Muitos juristas e economistas têm visto com cautela os pedidos de aplicação da teoria das *killer acquisitions* para justificar a atuação preventiva ou repressiva dos órgãos antitruste. A visão conservadora pondera que agências devem levar em conta o custo do erro em sua decisão de vedar determinada operação com base no argumento da eliminação de inovação ou de

---

[36] Holmström *et al.* (2019, p. 11) apontam ao menos quatro diferenças entre a inovação nos mercados digitais em relação ao farmacêutico: (i) a velocidade da inovação nos mercados digitais pode torná-la obsoleta em poucos anos; (ii) inovações tecnológicas podem ser disponibilizadas sem testes prévios extensivos (exigidos na indústria farmacêutica); (iii) as inovações tecnológicas podem ser replicadas por concorrentes – e a proteção intelectual nesses casos é limitada – o que aumenta a competitividade nesses mercados; e (iv) os mercados digitais são marcados pelos efeitos de rede (que serão abordados adiante), que são menos relevantes nos mercados farmacêuticos.

[37] Vide Capítulo 1, tópico 1.2 *supra*.

um concorrente em potencial. Nesse contexto, a comparação com potenciais efeitos negativos da operação pode levar à vedação indevida de operações supostamente benéficas ao consumidor.[38]

Há, por outro lado, autores que defendem a necessidade de mudança nos instrumentos de análise antitruste, em função do potencial nocivo das *killer acquisitions*. Lina Khan, em evento conduzido pela *Federal Trade Commission*, destacou que

> [p]ode haver aquisições que não reduzam significativamente a concorrência em determinado mercado relevante, mas que posicionam a empresa dominante estruturalmente para detectar um rival nascente, de modo que a informação pode ser utilizada para realizar aquisições precoces (KHAN, 2018).

Na visão da autora, tais aquisições deveriam ser objeto de preocupação das agências, pois mesmo que não influenciem diretamente no mercado relevante, aprimoram a posição do incumbente e facilitam a aquisição precoce. A mesma visão foi extensamente explorada pela autora no famoso artigo *Amazon Antitrust Paradox* (KHAN, 2017), e também por outros autores (FEDERICO; MORTON; SHAPIRO, 2020; HEMPHILL; WU, 2020; WU, 2012).

Apesar de a inegável influência da teoria de Cunningham *et al.* no debate acadêmico, a definição sugerida pelos autores é insuficiente ao consideramos sua aplicação a outros mercados, especialmente no cenário digital, no qual há crescente preocupação com os efeitos concorrenciais da aquisição de empresas nascentes, como *fintechs* e *healthtechs*. O presente capítulo tem o objetivo de oferecer justamente essa definição, tendo por base o cenário competitivo dos mercados digitais e à luz das teorias discutidas ao longo do estudo. Nesse contexto, destacamos na definição de Cunningham *et al.* três elementos centrais da caracterização das aquisições eliminatórias, que serão analisados a seguir: (i) a (des)necessidade de sobreposição; (ii) a eliminação da inovação e (iii) evitar a concorrência potencial ou atual.

Ao transpormos a teoria de Cunningham aos mercados digitais, diversos fatores potencialmente alteram a abordagem antitruste, especialmente a dinâmica concorrencial nesses setores (o caráter de concorrência pelo mercado) e o grande poder de mercado exercido por agentes dominantes (*big techs*).

---

[38] A questão do custo do erro é essencial para o controle de estruturas e também para a teoria das aquisições eliminatórias. Sobre esse tema, vide o tópico 3.1 do Capítulo 3 deste livro.

O modelo de aplicação do Direito Antitruste que acompanhou o crescimento das grandes empresas de tecnologia a partir da década de 1980, relativamente ao controle de estruturas, não tinha como foco a concentração dos mercados. Esse cenário pôde ser observado justamente nos Estados Unidos, berço das empresas conhecidas hoje como *big techs* e que ampliaram sua influência mundo afora. Em verdade, a concentração era vista pelos teóricos neoclássicos como positiva do ponto de vista de eficiências de escala e escopo, havendo assim certa permissividade das autoridades antitruste quanto à consolidação de mercados concentrados (KWOKA, 2020, p. 19). A análise histórica dos guias de concentração norte-americanos, bem como dos critérios utilizados para considerar um mercado concentrado, demonstram de maneira clara esse cenário.[39]

A leniência antitruste com a concentração dos mercados é especialmente sentida nos mercados digitais, nos quais, em regra, a competição se dá pelos mercados e não nos mercados, característica que exploraremos mais profundamente adiante. Além disso, a doutrina econômica aponta para a inércia dos agentes incumbentes em relação à inovação (PENNA, 2014, p. 66).[40] Sendo a posição dominante dificilmente contestável pelos novos entrantes, o tamanho dos agentes passa a ser fator primordial na análise antitruste, uma vez que dificilmente um cenário de igualdade competitiva será observado por meio da adoção de critérios idênticos para operações que envolvam grandes agentes e para aquelas que não os envolvam.

Em sentido semelhante, Philippon (2019, p. 93–6) observa detalhadamente – por meio de abordagem empírica – as consequências macroeconômicas do poder de mercado, demonstrando o decréscimo da competitividade nos mercados norte-americanos ao longo das últimas décadas. Para o autor, esse declínio de competitividade é fator gerador de desigualdade, uma vez que o aumento dos rendimentos das empresas não se reflete nos ganhos dos trabalhadores. Assim, a concorrência, ao induzir a inovação, seria fator também de redução das desigualdades (PHILIPPON, 2019, p. 20).

---

[39] "*As previously noted, market structure has been a particular focus of the Chicago school critique, as a result of which the importance of market shares and concentration in merger review has substantially diminished over time*" (KWOKA, 2020, p. 25). Para uma visão ampla da evolução histórica dos critérios de concentração de mercados nos guias de análise das autoridades norte-americanas, vide KWOKA, 2020, Capítulos 3 e 4.

[40] Vide tópico ii. 2 deste capítulo.

A lição de Boushey (2020, p. 31 e 59) também aponta para a potencial causalidade entre desigualdade e redução na inovação.[41] Sob essa ótica, a proteção da inovação estaria em consonância com o princípio disposto no art. 170, VII, da Constituição Federal, que dispõe dever ser observada a redução das desigualdades sociais na condução da ordem econômica.

Assim, passaremos a seguir a analisar detalhadamente os elementos definidores da teoria das aquisições eliminatórias, tendo como marco teórico a definição de Cunningham *et al.* e considerando também definições sugeridas por autores e autoridades antitruste mundialmente, bem como a dinâmica concorrencial dos mercados digitais. Definidos os parâmetros caracterizadores da teoria, os prognósticos de revisão dos critérios metodológicos de análise de concentração serão devidamente abordados no terceiro capítulo deste livro.

2.2 Insuficiência na definição de Cunningham *et al.*

2.2.1 Necessidade de sobreposição

Vimos que a definição de Cunningham *et al.*, tomada aqui como marco teórico, tem por requisitos da caracterização das *killer acquisitions* (i) aquisição de um concorrente; (ii) o objetivo de descontinuar projetos inovadores; e (iii) evitar competição futura.[42] Embora tal definição adeque-se ao recorte metodológico dos autores, ao aplicarmos o conceito aos mercados digitais nota-se, prontamente, que seria desconsiderada parte das aquisições potencialmente preocupantes sob a ótica concorrencial em função do primeiro requisito estabelecido: a necessidade de sobreposição horizontal.

Ao construir tal definição, *Cunningham et al.* partem da hipótese de que há aquisições que potencialmente eliminam inovações promissoras, mas que as empresas-alvo são necessariamente potenciais concorrentes. O foco da referida teoria é, primeiramente, o potencial de eliminação da inovação na indústria de medicamentos. Talvez em razão da teoria antitruste ter como premissa a maior preocupação

---

[41] "We have greater awareness of how in- equality drags down national productivity by making our workforce less capable than it could be, and our economy less innovative. (...) Economists can easily show that opening up professions to a diverse array of workers improves innovation and productivity, and therefore growth. (...). The growing wealth gap in the United States over the past four de cades could well be a key impediment to innovation".

[42] "This paper argues incumbent firms may acquire innovative targets solely to discontinue the target's innovation projects and preempt future competition". (cf. CUNNINGHAM *et al.*, 2018, p. 1).

concorrencial em relações horizontais, não há sequer intenção dos autores em explicitar a opção pelo recorte do estudo limitado e essas operações. Além disso, a pesquisa empírica dos autores é restrita ao setor farmacêutico, em que os incumbentes usualmente buscam adquirir fabricantes de medicamentos substitutos próximos, o que também leva a crer que o recorte metodológico contribui para a construção da definição na própria formulação da hipótese.

Contudo, considerando-se o objetivo de construir um conceito de teoria do dano das *killer acquisitions* com enfoque nos efeitos relacionados aos mercados digitais e potencialmente aplicável a todos os mercados, são necessárias ressalvas em relação ao conceito formulado por Cunningham *et al.* e a suposta necessidade de sobreposição para caracterização da teoria.

Em artigo publicado em maio de 2020, a Organização para Cooperação e Desenvolvimento Econômico (OCDE) definiu as *killer acquisitions* como a aquisição de empresa nascente que resulta na perda de um potencial competidor ou de um produto. Como exemplo, a OCDE cita a compra de uma empresa varejista que resulta no fechamento da loja (OECD, 2020, p. 5). Nesse sentido, a OCDE toma a definição de Cunningham *et al.* como definitiva em todos os sentidos – inclusive em relação à necessidade de sobreposição, mesmo que potencial, entre as empresas envolvidas.[43]

Segundo o documento, mesmo que as empresas pareçam oferecer produtos ou serviços complementares ou não relacionados – hipótese em que a aquisição supostamente se daria sem a sobreposição horizontal –, isso ocorre porque muitas vezes estão envolvidos mercados de dois ou mais lados – ao passo que a análise que caracteriza os produtos como complementares ou não relacionados considera apenas um lado desses mercados. Outra possibilidade levantada é a de que o produtor de bens complementares ou mercados adjacentes se valham da posição da empresa-alvo para entrar no novo mercado.[44] Assim, também para a OCDE, as *killer acquisition*, por definição, envolvem unicamente concentrações horizontais.

No entanto, diferentemente das conclusões adotadas pela OCDE e por Cunningham *et al.*, consideramos a possibilidade de caracterização

---

[43] *Therefore, the defining features of a killer acquisition theory is that the concerns are horizontal in nature, and that the outcome is that product development is terminated.*

[44] *Similarly, another possibility is that a producer with a complementary product or a product in na adjacent market might be able to use that position to enter into direct competition with the incumbent.*

de aquisições eliminatórias em aquisições verticais e de conglomerado, conforme abordado adiante.

Ao darmos um passo atrás, ainda na classificação das aquisições eliminatórias sugerida pela própria OCDE, podemos perceber hipóteses concretas em que a sobreposição horizontal é dispensável para potencial eliminação do agente inovador. A OCDE categoriza as *killer acquisitions* como espécies de *nascent acquisitions*, que traduziremos como concentrações nascentes. Segundo o modelo proposto pela organização, as concentrações nascentes abrangem as aquisições em que a relevância concorrencial da empresa-alvo ainda é incerta. Nesses casos, as empresas não teriam alcançado "maturidade" suficiente no mercado, de modo que a análise estática do mercado é insuficiente para apresentar prognósticos do cenário competitivo após a operação.

Nesse cenário, a teoria das *nascent acquisitions* envolveria ainda as aquisições de um competidor em potencial (*nascent potential competitor theory*), cuja sistemática é muito próxima às *killer acquisitions*. O que diferencia as duas teorias é o destino da empresa-alvo: enquanto nas *killer acquisitions* há necessidade de eliminação (ou descontinuidade) do produto ou serviço, no outro caso há apenas o exercício do controle sobre o produto ou serviço, eliminando a ameaça competitiva (OECD, 2020a).

O fenômeno denominado *nascent potential competitor theory* no relatório da OCDE é chamado por Fayne e Foreman (2020) de "aquisições de zumbis" (*zombie acquisitions*): a concentração com a empresa-alvo que possui um produto ou serviço em estágio inicial e há intenção de manutenção das operações. Não há, portanto, a eliminação do produto do mercado. A figura abaixo ilustra as teorias de aquisição nascente formuladas pela doutrina:

FIGURA 1: teorias de aquisição nascente

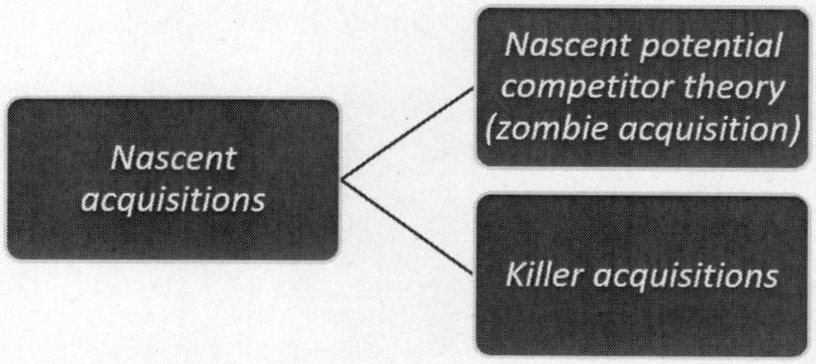

Fonte: Elaboração própria.

Do ponto de vista concorrencial, as preocupações concorrenciais em ambos os cenários são similares: como em qualquer outra aquisição do controle exclusivo, a empresa-alvo deixará de ser um jogador independente e possivelmente deixará de evoluir à posição de grande concorrente capaz de ameaçar agentes com posição dominante. De maneira geral, as *zombie acquisitions* ou *nascent potential competitor theory* possuem potencial efeito sobre as inovações no mercado, embora o dano causado seja potencialmente menor, uma vez que a inovação continua disponível no mercado.

Por sua vez, a definição de Scott Hemphill e Tim Wu de "concorrente nascente" (*nascent competitor*) se preocupa especificamente com o caráter de "potencial ameaça" gerada pelo novo competidor. Segundo os autores, há concorrência nascente quanto "a inovação de uma empresa representa séria, embora não completamente certa, ameaça futura à empresa incumbente" (HEMPHILL; WU, 2020, p. 5).[45] A definição proposta por Hemphill e Wu tem por objeto a inovação e sua importância para o Direito da Concorrrência.

Embora utilizem o termo "concorrente" para definição de sua teoria, Hemphill e Wu consideram a possibilidade de dano à concorrência em aquisições que não envolvem sobreposição horizontal, ao menos atual. Nesse sentido, os exemplos práticos utilizados pelos autores, como os casos Microsoft/Netscape e Facebook/Whatsapp, indicam a possibilidade de encontrarmos concorrência nascente em casos sem sobreposição.

No primeiro caso, vale lembrar que, embora a tecnologia do software Netscape representasse potencial ameaça futura à posição dominante do software Windows no mercado de sistemas operacionais (hipótese que não se concretizou), não havia substitutibilidade entre os produtos. A Netscape oferecia o serviço de software que chamamos hoje de navegador, provendo acesso à rede mundial de computadores, ao passo que o Windows oferece o chamado sistema operacional de computadores, com funções muito mais amplas – e sem a oferta de acesso à rede mundial de computadores da forma oferecida pelo Netscape.

No caso Facebook/Whatsapp,[46] embora seja possível considerar que as duas firmas seriam agentes do mercado de redes sociais, não havia propriamente substitutibilidade total entre os serviços oferecidos,

---

[45] *"As we use the term, a nascent competitor is a firm whose innovation represents a serious, albeit not completely certain, future threat to an incumbent".*
[46] https://www.wsj.com/articles/facebook-feared-whatsapp-threat-ahead-of-2014-purchase-documents-show-11573075742

ao menos do ponto de vista do consumidor (HEMPHILL & WU, 2020, p. 7). Contudo, embora apontem a possibilidade de afastarmos o requisito de sobreposição horizontal para caracterização das aquisições eliminatórias, os referidos casos concretos não nos oferecem resposta definitiva sobre o tema (ou mesmo da definição ampla de *nascent acquisitions*), pois em ambos os cenários havia o conceito de concorrência potencial, que também será objeto de aprofundamento mais adiante.[47]

Diante da indefinição quanto à necessidade ou não de sobreposição para caracterização das definições citadas, observa-se que a definição de Cunningham *et al.* e adotada pela OCDE em seu relatório desconsidera os chamados efeitos verticais e de conglomerado das concentrações, especialmente preocupantes nos chamados mercados digitais ou "movidos a dados" (BOURREAU; STREEL, 2019). Nesses mercados, em que pese a inexistência de substitutibilidade direta entre os produtos ou serviços envolvidos pela operação, a possibilidade futura de interação entre eles é considerável. Além disso, os estudos de Cunningham *et al.* não apresentam justificativas razoáveis para excluir da teoria das aquisições eliminatórias as concentrações verticais. Sendo a inovação o principal bem jurídico protegido por essa teoria – como veremos no tópico a seguir – a restrição presumida a determinada classe de concentrações econômicas deveria ser justificada pela doutrina, o que não se verifica na prática.

Sabe-se que as concentrações econômicas podem ser categorizadas em horizontais, verticais ou conglomerados, sem prejuízo que uma única operação apresente desdobramentos em diferentes categorias. Horizontais são aquelas que reúnem empresas concorrentes atuais ou futuras em um mercado relevante de produtos ou serviços, de modo que há substitutos relativamente próximos. Por sua vez, verticais unem empresas de diferentes estágios da cadeia produtiva, como empresas manufatureiras e seus fornecedores. Finalmente, as concentrações em conglomerado seriam aquelas da categoria residual, em que há relação próxima entre os mercados afetados, de modo que pode haver um implemento de portfólio por parte das empresas envolvidas.

A eliminação da inovação de maneira vertical pode ocorrer, ilustrativamente, quando uma empresa produtora de hardware (como um *smartphone*) adquire uma empresa de software que busca desenvolver um aplicativo ou formato de arquivo para leitura mais eficiente que aquele oferecido pela fabricante do hardware (como o aplicativo

---

[47] Vide tópico 2.2.3 deste capítulo.

"Arquivos" da Apple, que concorreria com softwares de leitura de outras companhias não atuantes no mercado de hardware). Nesse aspecto, a exclusão de concorrente pode levantar preocupações do ponto de vista da eliminação da inovação – caso seja comprovada a intenção dos agentes nesse sentido.

Vale lembrar que a exclusão vertical nos mercados digitais pode ocorrer também de forma menos custosa para os agentes, em razão do chamado caráter de interoperabilidade. Comumente, produtos conectados à rede exigem requisitos técnicos de compatibilidade para conexão de softwares e hardwares. Exemplo dessa dinâmica encontramos no caso dos *iPhones*, que são compatíveis apenas com o sistema operacional da *Apple*, o *iOS* e, além disso, os aplicativos devem ser desenvolvidos conforme a plataforma em que serão reproduzidos.

Relatório de investigação do Comitê Antitruste do Congresso norte-americano ressalta o caráter fundamental da interoperabilidade para a internet aberta. Segundo o relatório, na ausência de interoperabilidade, os agentes dominantes "poderão proibir novos entrantes de oferecer preços menores ou melhores serviços, reforçando seu poder de monopólio enquanto causam danos aos consumidores e à concorrência" (U.S. HOUSE OF REPRESENTATIVES, 2020, p. 383). Ainda segundo a investigação norte-americana, a interoperabilidade teria a função de mitigar os efeitos de rede, ao permitir que os entrantes se beneficiem dos efeitos de rede existentes.[48]

Diante de tal modalidade de compatibilidade, conhecida como "vertical" (LEMLEY, 1996, p. 08), a descontinuação de um aplicativo para determinada categoria de *smartphones*, por meio da imposição de critério de data de fabricação, por exemplo, pode significar a inutilização do produto para uma parcela relevante dos consumidores. Dessa forma, as empresas inovadoras seriam desincentivadas em razão da impossibilidade de alcançarem os consumidores que adquiriram o software agora incompatível.

Embora, em tese, a incompatibilização do produto para impedir a inovação seja menos custosa para a empresa dominante, essa medida não retira o agente inovador do mercado – de modo que seria uma

---

[48] "*And in the absence of interoperability, dominant carriers could foreclose new entrants from offering lower prices or better services, reinforcing their monopoly power harming consumers and competition. An interoperability requirement would allow competing social networking platforms to interconnect with dominant firms to ensure that users can communicate across services. Foremost interoperability "breaks the power of network effects" by allowing new entrants to take advantage of existing network effects "at the level of the market, not the level of the company".*

conduta tanto menos nociva do ponto de vista do número de concorrentes quanto para o processo de inovação em si (que permaneceria existente, embora em condição de desvantagem comercial). Portanto, não é possível desconsiderar o potencial danoso à inovação observável em hipótese de aquisições verticais, como nos casos citados acima.

Além disso, é importante lembrar que operações verticais não se restringem a fusões e aquisições, mas também a contratos associativos dos mais diversos arranjos e objetos. Conforme anota Joskow (2010, p. 4), contratos verticais deixaram há muito de ser mera decisão dos agentes entre fazer e comprar (*make or buy*), de modo que passaram a assumir formas complexas e muitas vezes híbridas entre diferentes tipos de negócios jurídicos (*nonstandard vertical contractual arrangements*). Assim, há elementos razoáveis para que tais aquisições não sejam presumivelmente excluídas da construção de uma teoria do dano das aquisições eliminatórias.

Relativamente às concentrações de conglomerado, sabe-se que esta categoria de concentrações representa classificação residual, em que se encaixam as operações em que não há relação horizontal ou vertical entre as firmas envolvidas, mas que pertencem a mercados relacionados de maneira próxima. No guia de concentrações não horizontais da União Europeia, publicado em 2008, a autoridade comunitária antitruste declarou que as "fusões de conglomerado na maior parte dos casos não levam a qualquer problema concorrencial".[49]

No mesmo guia, a Comissão Europeia aponta como principal preocupação concorrencial decorrente das concentrações de conglomerado a possibilidade de fechamento de mercado e venda casada. Segundo a autoridade, a combinação de produtos em mercados relacionados pode conferir à empresa resultante da concentração a capacidade e o incentivo para alavancagem. Em sentido semelhante, Roberto Litan (2016, p. 6) aponta que as autoridades norte-americanas não ofereceram resistência a concentrações de conglomerado em mercados significativos, também

---

[49] *Conglomerate mergers are mergers between firms that are in a relationship which is neither purely horizontal (as competitors in the same relevant market) nor vertical (as supplier and customer). In practice, the focus is on mergers between companies that are active in closely related markets* (83) *(e.g. mergers involving suppliers of complementary products or of products which belong to a range of products that is generally purchased by the same set of customers for the same end use).*
Whereas it is acknowledged that conglomerate mergers in the majority of circumstances will not lead to any competition problems, in certain specific cases there may be harm to competition. In its assessment, the Commission will consider both the possible anti-competitive effects arising from conglomerate mergers and the possible pro-competitive effects stemming from efficiencies substantiated by the parties. https://eur-lex.europa.eu/legal-content/EN/TXT/HTML/?uri=C ELEX:52008XC1018(03)&from=EN. Acesso em: jan. 2021.

em razão da dificuldade de encontrar regra ou doutrina capaz de alterar o comportamento das autoridades em relação a essas concentrações.

Nesses casos, em tese, as empresas poderiam justificar a operação com o objetivo de fornecer a seus clientes produtos ou ofertas de melhor qualidade ou menor preço. No entanto, em certas circunstâncias, essas práticas podem levar a uma redução na capacidade ou no incentivo de concorrentes reais ou potenciais. Isso pode diminuir a pressão competitiva sobre a entidade resultante da fusão, permitindo, em última análise, o aumento dos preços – causando um efeito líquido negativo sob a ótica do *welfare standard*.

Note-se que, para a OCDE, a possibilidade de oferta por venda casada ou empacotamento futuro dos produtos – e não a mera complementariedade – é requisito para caracterização da concentração em conglomerado. Por considerar que mesmo quando há complementariedade a intenção das empresas, ao aplicar as *killer acquisitions*, é eliminar um concorrente atual ou futuro, a organização entende que tais concentrações só acontecem quando há sobreposição (OECD, 2020, p. 6).[50]

Contudo, a distinção feita pela OCDE entre concentrações de conglomerado e concentrações horizontais em concorrência potencial é de difícil identificação na prática, especialmente porque, nos casos em que a concorrência é potencial, invariavelmente a aquisição de produtos complementares em mercados digitais poderá ser caracterizada como uma aquisição em conglomerado. Essa situação se dá especialmente pela possibilidade de uso de dados do mercado-alvo no mercado incumbente, de modo que mesmo que não haja sobreposição horizontal pode haver os efeitos concorrenciais negativos definidores das *killer acquisitions*.

Cabe lembrar que em abril de 2020, em relatório específico sobre as concentrações de conglomerado, a própria OCDE considerou que tais negócios ocorrem quando "os produtos das empresas envolvidas não estão no mesmo mercado, tampouco estão as entradas e saídas de cada uma" (OECD, 2020b). No mesmo relatório, a instituição observa

---

[50] *"11. Similarly, another possibility is that a producer with a complementary product or a product in an adjacent market might be able to use that position to enter into direct competition with the incumbent. In either case, the concern is therefore potential horizontal competition. These should not be confused with conglomerate theories of harm that relate to the prospect that a complement will be bundled or tied to the acquirer's product or service (see OECD, 2020a).*
12. In contrast, nascent acquisitions constitute a whole category of acquisitions of young firms with products or services whose competitive significance remains highly uncertain. For instance, the nascent target may have not yet hit the market, or they may have recently done so, but have yet to mature. In either case, a static analysis of the market may offer an unreliable indicator of the future.

que tais concentrações podem permitir práticas como venda casada ou empacotamento – mas não aponta tais efeitos como requisito para caracterização dos conglomerados.

Para Daniel Neven (2005), o que caracteriza as aquisições de conglomerado é a existência de um grupo de consumidores em comum entre os mercados relacionados. Na ausência desses consumidores, não haveria relação entre os mercados que levantasse preocupações concorrenciais. Para o autor, produtos que não pertencem ao mesmo mercado relevante podem ser categorizados em independentes, complementares ou substituto fraco (*weak substitute*) – entendidos como os substitutos que não possuem "força" para serem colocados no mercado, também chamados de mercados vizinhos (*neighboring markets*).

Nesse contexto, considerando a inexistência de definição única quanto ao conceito de concentrações de conglomerado, é importante que haja balizas para que não seja um conceito tão amplo em que caibam ampla variedade de negócios, inclusive aqueles que não gerem preocupações concorrenciais.

Com efeito, a "conglomerização" é um efeito característico dos mercados digitais (BOURREAU; STREEL, 2019; LIM, 2006; PETIT, 2016). Yong Lim (2006) aponta que a indústria de alta tecnologia é símbolo desse movimento, motivados pela necessidade de diversificação dos portfólios, fato observável na reorganização societária do Google ao passar a ser chamado de Alphabet. Uma hipótese para justificar a racionalidade econômica por trás da conglomerização – que não é um fenômeno novo ou exclusivo dos mercados digitais – é a redução dos riscos com a falha ou baixo retorno do investimento em determinado mercado. Tais riscos são potencializados em mercados tão dinâmicos como os digitais (Lim, 2006, p. 5-6).

Outra característica dos mercados digitais capaz de potencializar a ocorrência de conglomerados é a obtenção de dados pessoais como ativos, ponto amplamente explorado na literatura (PEYER, 2017; KATZ, 2019; LYNSKEY, 2018). Isso ocorre porque a concentração é uma forma de fácil obtenção de dados pessoais sem o necessário consentimento dos usuários, que permite a utilização pelo incumbente de dados colhidos em mercados não necessariamente complementares. Ilustrativamente, a incursão do Google no mercado de termostatos em 2014, por meio da aquisição empresa Nest,[51] não levantaria preocupações concorrenciais

---

[51] Vide: WOHLSEN, M. What Google Really Gets Out of Buying Nest for $3.2 Billion. *Wired*, Business, 14 jan. 2014. Disponível em: https://www.wired.com/2014/01/googles-3-billion-nest-buy-finally-make-internet-things-real-us/. Acesso em: 15 jun. 2020.

sob a ótica antitruste tradicional, embora potencialmente permita a utilização dos dados obtidos pela Nest nos mercados em que o Google já exerce poder de mercado.

Entendemos que o caso Google/Nest poderia ser analisado sob a ótica da teoria das aquisições eliminatórias mesmo sem levantar preocupação horizontal, ainda que potencial, em função do elemento essencial para a caracterização do dano: a eliminação da inovação, tópico que será abordado detalhadamente no próximo tópico.[52] Desse modo, as aquisições de conglomerado em mercados digitais possuem implicações ainda não mensuradas pelo Direito Antitruste, e concluímos que a teoria das aquisições eliminatórias não pode ignorar esse movimento – sem prejuízo, obviamente, da análise de concentrações horizontais e verticais nos mesmos mercados.

Embora não haja a intenção de aprofundar o estudo sobre conglomerados em mercados digitais, entendemos que essas teorias justificam um olhar atento para a potencial ocorrência de aquisições eliminatórias também nas concentrações de conglomerados.[53] Desse modo, a nosso

---

[52] Vale observar que esse não é o entendimento da OCDE que, em relatório divulgado em junho 2020, considerou a sobreposição elemento obrigatório da teoria das *killer acquisitions*, ressaltando que as aquisições de conglomerado seriam um fenômeno diverso, embora também merecedor de atenção das autoridades antitruste (OECD, 2020a, p. 23).

[53] Bourreau & Streel investigam diversas teorias econômicas das décadas de 60 e 70 para justificar a racionalidade dos conglomerados em mercados digitais. Além das teorias existentes, os autores propõem ainda hipóteses específicas de racionalidade aplicáveis aos mercados digitais. Quanto às teorias tradicionais, há potencial aplicabilidade das teorias (i) de poder de mercado; (ii) de recursos e (iii) de capital interno de mercado. A teoria de poder de mercado aponta que as concentrações de conglomerado podem indiretamente acarretar em aumento de poder de mercado no mercado incumbente, mesmo que se tratem de mercados não relacionados, inclusive facilitando a colusão tácita entre empresas conglomeradas (Bourreau & Streel, 2019, p. 8). Nesse ponto, segundo os autores, as empresas teriam o incentivo de criar ecossistemas de produtos para aumentar a diversificação e enfraquecer concorrentes. A teoria dos recursos justifica a expansão de conglomerados quando a empresa possui excesso de recursos acumulados ao longo do tempo (capital humano, experiência ou produtos) e resolve expandir para mercados vizinhos. Nesse sentido, a entrada da Amazon no mercado de armazenamento digital poderia ser justificada pelo acúmulo de recursos (investimento em *datacenters*) enquanto agente no mercado de e-commerce (Bourreau & Streel, 2019, p. 9). Por sua vez, na teoria do capital interno de mercado, agentes buscam diversificar seus ativos como resposta à limitação de capital externo. Desse modo, o grupo conglomerado formado por meio de concentrações econômicas permitiria a criação de capital interno de mercado. Embora seja possível afirmar que a criação de capital interno beneficiaria também empresas dos mercados digitais, não há evidências empíricas, contudo, que apontem a aplicação dessa teoria à conglomerização nesses setores. Além das teorias já existentes, Bourreau & Streel apontam também duas características da economia digital que podem explicar o fenômeno do crescimento dos conglomerados em mercados digitais. Do lado da oferta, a presença de economias de escopo no desenvolvimento de produtos e serviços e, no lado da demanda, a sinergia de consumo gerada ao consumidor decorrente do ecossistema de produtos.

ver, as concentrações em conglomerado podem consistir em hipóteses de aquisições eliminatórias que prescindem de sobreposição horizontal, diferentemente da teoria inicial de Cunningham *et al*.

2.2.2 O dano à concorrência decorrente da eliminação da inovação nos mercados digitais

A inovação é fator de especial interesse na análise das aquisições eliminatórias. Segundo Gutterman (1997), a inovação é "o processo criativo que traz novas e úteis ideias para a mente do mercado, i.e., a introdução de algo novo". Hemphill e Tim Wu (2020, p. 7) destacam que a inovação pode ter a forma de progresso tecnológico ou de novos modelos de negócio. Para os autores, a proteção da inovação é importante por levar ao crescimento econômico. Segundo essa linha argumentativa, processos competitivos são acirrados pela pressão exercida pelos agentes inovadores.

Nesse contexto, segundo a definição de Cunningham *et al*, a eliminação de projetos inovadores é o objetivo das *killer acquisitions*. Segundo os autores (Cunningham, Ederer, & Ma, 2018, p. 4), a empresa incumbente tem maior incentivo para adquirir e eliminar empresas inovadoras em mercados menos competitivos, em que o incumbente tem mais a perder se a inovação da empresa alvo for desenvolvida com sucesso.

Para verificarmos a imprescindibilidade da inovação na teoria das aquisições eliminatórias, basta imaginarmos um cenário contrafactual em que tal elemento não está entre os fatores definidores da teoria: nesse cenário hipotético, a mera eliminação de um agente após a compra seria uma aquisição comum, sujeita às normas gerais de controle de estruturas. Não há, portanto, teoria das aquisições eliminatórias sem a inovação, uma vez que esse elemento é justamente o objeto a ser eliminado e consequentemente o cerne da teoria.

Desse modo, para compreender a importância da inovação na teoria das aquisições eliminatórias, o cenário contrafactual hipotético sem esse elemento demonstra sua essencialidade para a teoria. A busca por inovação está intrinsicamente ligada à estratégia de negócio das grandes empresas de tecnologia, que procuram não apenas competir no mercado em que estão estabelecidas, mas potencialmente transformá-los (disrupção) (Zoffer, 2019, p. 4). Nessa medida, eventuais aquisições de novos concorrentes que não tenham por objetivo a eliminação de agentes inovadores seriam incapazes de gerar o dano aventado pela teoria das aquisições eliminatórias.

Com base nessa premissa, o presente tópico investiga as características dos mercados digitais que potencializam a importância da inovação na dinâmica concorrencial e, consequentemente, seu papel como elemento caracterizador das aquisições eliminatórias. Para tanto, abordaremos, de maneira abrangente, a importância da inovação como elemento dinâmico e não precificável do controle de estruturas, para, em seguida, analisar esses elementos à luz das características dos mercados digitais.

Sabe-se que o Estado protege e incentiva a inovação de diversas formas, notadamente através de seu ordenamento jurídico. As normas de propriedade industrial e intelectual são exemplos comuns de proteção estatal à inovação, materializadas por meio do incentivo econômico auferido ao monopólio temporário da exploração da criação, que representam restrição momentânea à própria concorrência. Vimos, ainda, no tópico 1.2 do Capítulo 1 deste livro, as razões que nos levam a considerar insuficiente a proteção à inovação proposta pelo sistema de patentes aos agentes inovadores dos mercados digitais.

Conforme observa Penna (2014, p. 66-7), empresas incumbentes usualmente possuem resistência à inovação em decorrência da dependência de trajetória e inércia no âmbito interno das firmas e mesmo na indústria em geral relativamente a transformações disruptivas. Nesse sentido, diz o autor, elementos como custos irrecuperáveis, rotinas de pesquisa institucionalizadas, rigidez do regime tecnológico interno das empresas, regulamentações e normas do setor que tendem a favorecer empresas estabelecidas e a própria estratégia de posicionamento de mercado das empresas contribuem para esse cenário de inércia. Assim, o potencial dano causado pela eliminação de entrantes está diretamente ligado ao processo de inovação, conforme observamos no capítulo anterior.

No âmbito dos estudos do Direito da Concorrência nesse setor, a inovação é apontada recorrentemente não só como fator catalizador da competição nos mercados, mas também como potencial justificador de alteração nos próprios parâmetros de análise antitruste. Nesse contexto, o caráter dinâmico (i.e., de constante alteração) dos mercados digitais coloca em dúvida a eficiência das ferramentas tradicionais de análise antitruste em aferir o potencial anticompetitivo de determinadas condutas ou concentrações econômicas. Para Ragazzo (2019, p. 11), a intervenção antitruste convencional – sem o devido ajuste no modelo de atuação – em mercados dinâmicos pode inibir a inovação, causando o chamado *chilling effect*.

O debate sobre o papel do Direito Antitruste no incentivo à inovação não é novo: Joseph Schumpeter (1961) defendia que empresas inovam para garantir vantagem competitiva e que mercados monopolistas levavam à maior inovação ("destruição criativa", em suas palavras), enquanto Kenneth Arrow (1972) apontava que o cenário com maior número de concorrentes favorece a inovação. Para Schumpeter, a concorrência perfeita seria inalcançável e o processo de inovação seria melhor conduzido por empresas com poder de mercado e investimentos organizados em pesquisa, o que implicaria em considerar a intervenção antitruste onerosa sob esse viés (SCHUMPETER, 1961, p. 108).[54]

A tese de Schumpeter sobre monopólio e inovação foi criticada pela doutrina econômica recente (FEDERICO; MORTON; SHAPIRO, 2020; SHAPIRO, 2012), especialmente com fundamento no argumento de que a inovação monopolista geraria a canibalização do próprio monopólio – chamado "efeito de substituição" por Arrow (1972) –, o que não é desejável pelos agentes (como demonstra o caso táxis e Uber). Federico et al. (2017, p. 8) demonstram, por meio de modelo econométrico, que concentrações econômicas reduzem a inovação em função do efeito de canibalização.

Para Arrow (1972), a inovação era vista exclusivamente sobre a ótica incremental, isto é, a alteração de um produto ou processo existente, pois a seu ver o monopolista também poderia ser visto como entrante em relação a uma inovação. Sob essa ótica, empresas monopolistas seriam menos inovadoras, pois o benefício da inovação só as alcançaria se resultasse em aumento da margem de lucro. A canibalização, nesse contexto, seria referência à diminuição dos lucros decorrente de eventual inovação, o que reduziria o incentivo do agente monopolista a investir em pesquisa e desenvolvimento.

No entanto, em que pese as críticas atuais, a noção Schumpeteriana de inovação não foi abandonada pelo Direito e há evidências que baseiam sua aplicação em determinadas indústrias, como a farmacêutica. Nesse contexto, ressalte-se que o sistema de patentes é baseado no incentivo à inovação por meio do monopólio de exploração oferecido ao agente que desenvolver o novo produto. Mesmo que tomemos a tese de Schumpeter como verdadeira (de que determinados mercados monopolistas seriam mais favoráveis à inovação), isso não implica em dizer que o controle de estruturas deve favorecer as concentrações

---

[54] "Em primeiro lugar, essa tese implica a criação de uma imaginária idade de ouro de concorrência perfeita que, em dado momento, se metamorfoseou na era monopolista, quando é evidente que a concorrência perfeita jamais foi mais real do que é atualmente".

econômicas como meio de proteção à inovação, justamente pela falta de comprovação empírica da tese e dos inúmeros fatores que influenciam a inovação nos mercados digitais.[55] Ademais, como visto no tópico 1.2, esse modelo não é suficiente para garantir a inovação no ambiente virtual, especialmente sob a ótica do controle de estruturas, é sob essa premissa que esta análise considera o papel do Direito Antitruste.

A eliminação da inovação como fator de preocupação concorrencial não é questão exclusiva aos mercados digitais, mas ganha evidente destaque com a dinâmica desses mercados, embora a questão acompanhe a teoria antitruste desde sua criação (GUTTERMAN, 1997). Como explica Ana Frazão:

> No contexto das reflexões sobre os propósitos do Direito da Concorrência, a questão da inovação ganha destaque, seja em razão da sua importância, seja em razão da sua complexidade. Se há certeza que a inovação é um dos maiores benefícios que decorrem da competição, há muitas dúvidas sobre como tal preocupação pode ser incorporada na análise antitruste, especialmente nos mercados de alta tecnologia, internet ou os derivados destes (Frazão, 2017, p. 58).

Em linha com as discussões sobre adequação do critério de bem-estar proposto pela Escola de Chicago com a proteção da inovação,[56] Jonathan Baker (2007) questiona se o fato de o Direito Antitruste buscar exclusivamente garantir preços menores ao consumidor é compatível com o papel de incentivo (ou proteção) à inovação. Nesse sentido, Gilbert e Greene (2015, p. 4) sintetizam a potencial importância das inovações no âmbito concorrencial com a seguinte pergunta: "o que é mais importante para o bem-estar do consumidor: o desenvolvimento de um smartphone mais moderno ou que seu preço seja de 400 em vez de 450 dólares?".

No Brasil, o Guia de Concentrações Horizontais do Cade ("Guia H") considera que a inovação tem "forte impacto no bem-estar do consumidor" juntamente de outras variáveis competitivas, como a qualidade. Assim, uma concentração é mais preocupante do ponto

---

[55] Vide, nesse sentido, a lição de Katz e Shelanski (2006, p. 28): *"By the same token, it should be observed that Schumpeterian claims that merger policy should favor increased concentration as a means of promoting innovation equally lack firm empirical grounding. Meaningful general presumptions have not been identified: innovation is affected by a variety of market factors other than concentration (as well as variables related to a firm's regulatory status, products, and technologies)"*.

[56] Vide Capítulo 1, tópico 1.1 *supra*.

de vista concorrencial se o cenário de uma eventual aprovação torna mais provável a redução no nível de inovação nos mercados envolvidos. Nesse contexto, considerando o caminho de análise definido pelo próprio Cade no exercício do controle de concentrações horizontais, a inovação seria objeto de observação apenas nos casos que alcancem a quarta etapa (de cinco possíveis) de análise concorrencial.[57] Na prática, no entanto, é raro que uma análise concorrencial nos moldes atuais alcance essa etapa de análise e, caso alcance, não costuma analisar de fato aspectos relativos aos riscos à inovação decorrentes da operação.

A preocupação com a inovação é recorrente na jurisprudência antitruste norte-americana. Entre os anos de 2000 e 2004, o FTC impugnou cinquenta e quatro operações sob o argumento de dano à inovação, o que representa cerca de um terço do total de cento e sessenta e quatro impugnações no período. Entre 2004 e 2014, o número total de impugnações foi de 250, das quais cerca de 33% tiveram como causa de pedir o potencial dano à inovação (Gilbert & Greene, 2015, p. 15). A orientação das autoridades americanas, nesse sentido, havia sido publicamente externada em 1995, quando o FTC apontou em relatório sobre inovação em 1995 que o direito antitruste e os direitos de propriedade intelectual são institutos complementares na proteção da inovação.

Recentemente, a versão de 2010 do Horizontal Merger Guidelines trouxe, pela primeira vez, previsão expressa no sentido de proteção da inovação como preocupação antitruste, ao recomendar que a autoridade "pode considerar se a operação pode reduzir a inovação ao encorajar a empresa adquirida a reduzir seus esforços inovadores a um nível menor do que haveria na ausência da operação" (BRANDENBURGER; BREED; SCHÖNING, 2017, p. 29).

Na Europa, o Guia de Concentrações Horizontais aponta que a concorrência efetiva entre agentes pode ser significativamente afetada caso ocorra uma concentração entre dois agentes inovadores. Além disso, a autoridade destaca a importância dos pequenos agentes na criação de novos produtos, de modo que a concorrência também pode ser prejudicada se uma das partes for um inovador, sendo que tal situação não está necessariamente refletida nas participações de mercado dos agentes.

Na busca por sintetizar os debates existentes sobre concorrência e inovação, Jonathan Baker observa quatro princípios que orientam

---

[57] Abordaremos essa metodologia de análise concorrencial de maneira mais detida no Capítulo 3 adiante.

de que forma esses fatores podem ser mutuamente benéficos para o cenário competitivo: (i) primeiro, que a concorrência pela inovação – a disputa pelo desenvolvimento de novos produtos – incentiva a corrida pelas patentes (o que não necessariamente se observa em mercados digitais, dada a dificuldade de resguardar ideias inovadoras apenas com o registro do código-fonte);[58] (ii) segundo, a concorrência entre rivais produzindo um produto existente incentivaria essas empresas a reduzir os preços, aumentar a qualidade ou desenvolver produtos melhores; (iii) terceiro, empresas que esperam enfrentar mais concorrência após inovarem têm menor incentivo a investir em P&D;[59] e (iv) quarto, as empresas têm incentivo extra para inovar se isso desencoraja concorrentes potenciais a investirem em P&D.

Nessa linha, a eliminação da inovação seria um efeito concorrencial significativamente negativo, a ser combatido pelas autoridades antitruste.[60] Vale lembrar que autores como Tim Wu (2012, p. 3) e a Conselheira da Comissão Europeia Margrethe Vestager (2016a) comparam os efeitos negativos da eliminação da inovação aos da combinação de preços. Não sem razão, Vestager classifica a concorrência como a mãe da inovação. Nas palavras de Herbert Hovenkamp (2011, p. 4), "há amplo consenso que os ganhos derivados da inovação são maiores que os ganhos da mera produção e comércio com tecnologia constante".[61]

Sob a ótica do controle de concentrações, o objetivo dos incumbentes em adquirirem novas empresas potencialmente inovadoras envolve a comparação de custos entre despender determinado valor para adquirir a empresa e o valor que será potencialmente perdido com a entrada sucedida do novo produto (ou tecnologia). Conforme observa Robert Litan (2016, p. 2), novos concorrentes são alvo recorrente dos incumbentes justamente por não terem, em tese, interesse na manutenção de um *status quo* para o qual não investiram. Assim, tem-se nos mercados digitais um cenário propício para que a aquisição

---

[58] When firms see themselves in a tough race to innovate first, they try harder to win. This dynamic is particularly evident in the economic literature on R&D competition in "patent races". Sobre isso, vide tópico 1.2 do Capítulo 1 *supra*.

[59] This is the flip side of the previous principle: if innovation would not allow a firm to escape competition but would instead be expected to throw an innovating firm into a pool with sharks, the firm would anticipate profiting less from R&D. In conse- quence, the firm would have less incentive to pursue innovations in the first place. This incentive may encourage firms introducing new products to seek to differentiate them from those of their rivals, as differenti- ated products often face less post-innovation product market competition than do products similar to those sold by other firms.

[60] https://ec.europa.eu/competition/speeches/text/sp1996_0542_en.html

[61] "Nevertheless, there seems to be broad consensus that the gains to be had from innovation are larger than the gains from simple production and trading under constant technology".

do inovador seja economicamente menos onerosa para o adquirente do que a concorrência pela inovação.

Tal quadro cria nos mercados digitais o ambiente adequado para a proliferação de aquisições eliminatórias, nas quais a eliminação da inovação ganha repercussões relevantes do ponto de vista concorrencial ao considerarmos algumas características desses mercados, como a interoperabilidade – já abordada no tópico anterior –, o caráter de duas pontas, a tendência de monopolização (*winner takes all*), que abordaremos brevemente a seguir.

A importância da inovação é potencializada nos mercados digitais pelo poder de mercado exercido pelas plataformas e o efeito de rede gerado por essas interações. Sabe-se que os mercados em plataforma são marcados pelo caráter de duas ou mais pontas, em que a interação entre agentes econômicos é intermediada por um terceiro agente, denominado plataforma. Nesse cenário, a inovação é especialmente importante para as plataformas chamadas *single-homing*, em que os usuários em uma das pontas não alternam facilmente o uso da plataforma. Tal situação é comum em casos de plataforma de hardware de preço elevado, como *smartphones* ou consoles.[62]

O crescimento da internet desempenha importante papel nesse contexto, uma vez que potencializou o efeito de rede causado pela adesão de novos usuários, ao permitir a expansão dos negócios ao redor do mundo a custo marginal consideravelmente baixo. Além disso, a própria adesão de um novo usuário pode beneficiar os pares na mesma ponta, como ocorre nas redes sociais – que se tornam mais úteis na medida em que mais conhecidos ou pessoas de interesse passam a integrá-la.

Katz e Shapiro observam que nos mercados em que a entrada de um novo agente afeta positivamente o valor do produto ou serviço apresentam os chamados efeitos ou externalidades de rede,[63] que podem ser diretos ou indiretos. Os efeitos de rede diretos seriam aqueles oriundos do tamanho da rede, de modo que a utilidade recebida pelos usuários seria diretamente proporcional ao aumento do número de usuários na sua ponta da rede.[64]

---

[62] Opõe-se a essa classificação as chamadas plataformas *multi-homing*, em que o usuário alterna entre plataformas sem um custo marginal elevado.

[63] *Because the value of membership to one user is positively affected when another user joins and enlarges the network, such markets are said to exhibit "network effects," or "network externalities."* KATZ, M. SHAPIRO, C. System Competition and Network Effects. *The jornal of economics perspectives*, v. 8, n. 2, p. 93-115, 1994. Disponível em: http://faculty.haas.berkeley.edu/shapiro/systems.pdf. Acesso em: 28 maio 2020.

[64] Os efeitos de rede indiretos ocorrem quanto agentes de uma ponta da plataforma se beneficiam indiretamente da adesão à outra ponta da plataforma. Assim, agentes de

Esse efeito econômico de rede indireto, característico dos mercados de múltiplos lados, acaba gerando uma tendência à monopolização nos mercados em plataforma, pois a consolidação da base de usuários em uma das pontas atrai indiretamente usuários para a outra ponta – criando a posição de dominância da plataforma escolhida.

Nesse contexto, embora não haja, em regra, um custo marginal elevado para o desenvolvimento de um software inovador, os novos entrantes dependem de plataforma com elevado poder de mercado para alcançarem massa crítica de consumidores e possibilidade de sustentar as operações do negócio. Cabe, ainda, trazer a ressalva feita por Tim Wu, no sentido de que não se defende que as plataformas bem-sucedidas sejam vistas como ilegais ou acessíveis livremente por todos os agentes: o problema, nesse contexto, e o que deve ser coibido pelas autoridades, é o uso abusivo da posição dominante pelas plataformas, especialmente com a finalidade de eliminar inovação (Wu, 2012, p. 13).

Outro fator que alavanca a importância das inovações nos mercados digitais é a tendência de monopolização ou "concorrência dinâmica" nesse ambiente. Tendo em vista a estabilidade gerada às plataformas como decorrência dos efeitos de rede, pois facilita a interação de agentes que não se relacionariam da mesma forma na ausência das plataformas, há nesses mercados uma tendência à monopolização pelo agente que conquistar parcela relevante de uma das pontas – o que fatalmente leva à dominância na outra ponta. Desse modo, diz-se que a concorrência nesses mercados se dá "pelo mercado" e não "no mercado" (*competition for the market, rather than in the market*).

O conhecido relatório do Stigler Commitee sobre plataformas digitais lançado em 2019 (ZINGALES; LANCIERI, 2019, p. 3) aponta ao menos cinco fatores que levam à tendência à monopolização nesses mercados de duas pontas: (i) efeitos de rede; (ii) fortes economias de escala e escopo; (iii) custos marginais próximos a zero; (iv) altos retornos pelo uso de dados; e (v) baixos custos de distribuição para alcance global.[65]

E justamente em função dessa tendência à monopolização que as presunções de dano à concorrência devem se intensificar nas análises de operações dos mercados digitais. Mesmo autores que defendem

---

um lado passam a ser incentivo para que haja maior número de integrantes no lado do mercado que não integram. ARMSTRONG, M. 2006, p. 668.

[65] "*This confluence of features means that these markets are prone to tipping; that is, they reach a point where the market will naturally tend towards a single, very dominant player (also known as "winner takes all markets"). An entrant will most likely be unable to overcome the barriers to entry represented by scale economies and data control, as they are difficult to achieve in a quick, cost-effective manner*".

uma atuação mais permissiva do controle de estruturas para preservar a inovação entendem que essa postura deve ser evitada em mercados que tendem ao monopólio. Nesse sentido, ao analisarem as evidências econômicas que justificam as presunções de concentração e concorrência no controle de estruturas, Katz e Shelanski (2006, p. 31) concluem que a reduzida pressão sofrida por agentes em monopólio tem por resultado um mercado menos inovador. Além disso, os incumbentes nesse cenário estariam dispostos inclusive a adquirir direitos de propriedade intelectual ou industrial para bloquear a entrada de rivais. Assim, a teoria econômica aponta que a tendência à monopolização ou concorrência pelos mercados corroboram a presunção de dano à inovação decorrente de operações que mantenham o *status quo* nesses cenários competitivos.[66]

Com efeito, Ana Frazão (2020) observa que nem mesmo a concorrência pelos mercados tem sido observada na prática, uma vez que a posição dominante exercida pelos agentes dá a eles grande conforto e estabilidade em relação aos concorrentes, muitas vezes transformando-se em posição de monopólio. Essa posição de conforto é denominada por alguns autores de vantagem do incumbente (*incunbency advantage*) (CALVANO; POLO, 2020, p. 6).[67]

A vantagem competitiva do incumbente é reforçada não apenas em razão dos efeitos de rede, mas também de fatores como *switching costs* e a expectativa do consumidor. O primeiro elemento está ligado ao convencimento do consumidor de que adquiriu o melhor produto após realizar a compra, tornando difícil a troca especialmente nos mercados de tecnologia (vide, por exemplo, os casos de fãs de determinadas

---

[66] "*In the end, we conclude from the economic evidence that the concentration-competition-welfare presumption is—at present—weak for the innovation effects of mergers. One exception is merger to monopoly, which can leave a firm facing little pressure to race to innovate and diminished incentives to engage in follow-on innovations that could cannibalize revenues from the firm's existing products combine. Moreover, in the face of potential entry, such a firm is more like to attain intellectual property rights solely to block potential rivals from attaining them, rather than to bring improved products to market. In contrast, with two or more incumbents, there is a free-rider problem with respect to entry deterrence, and thus entry deterrence of this sort is less likely. Further—and moving beyond a traditional competitive analysis—a firm that lacks rivals against which to benchmark itself may be a less efficient innovator. For these reasons, we believe that economic analysis supports a presumption of harm to innovation in the case of merger to monopoly*".

[67] "*To understand what "incumbency advantage" means, consider the following prototypical situation, reminiscent of many digital markets. There is a monopolist with 10.000 customers each deriving the equivalent of 50 dollars of surplus from interacting with the other 9.999 customers. Now, suppose a potential competitor appears on the market. The competitor is endowed with a better technology in the following sense: if all consumers switched, their willingness willingness to pay would be strictly larger than 50 dollars. Biglaiser et al. (2018) say that there is an incumbency advantage whenever the entrant fails to conquer the market despite its superior technology*".

marcas que fazem filas para adquirir um novo lançamento). Ainda, a expectativa do consumidor está relacionada à consolidação da marca em determinado mercado, que torna a migração de produto uma escolha improvável – a incursão da Microsoft no mercado de buscas online ou do Google no mercado de redes sociais são exemplos claros nesse sentido.[68]

Além disso, o uso massivo de dados (*big data*) por longos períodos sem regulamentação foi fator que contribuiu para a expansão do poder de mercado das grandes empresas de tecnologia em diversos mercados que não aquele de origem. Desde o início de suas atividades, os agentes que se tornaram dominantes puderam extrair e explorar grande quantidade de dados, fator que gerou o chamado poder de alavancagem (*leveraging power*) entre mercados integrados. Desse modo, o grande poder econômico alcançado por meio do uso massivo de dados é também elemento considerável a ser levado em conta pelas autoridades antitruste nesses mercados. Portanto, mesmo que o uso de dados tenha sido legítimo à época de sua extração e tratamento, tal fator não pode ser desconsiderado pelas autoridades no âmbito do controle de concentrações.

Nesse cenário de difícil contestabilidade, a proteção da inovação representa a própria defesa da concorrência, haja vista que a transformação do mercado por meio de produtos inovadores é o meio pelo qual novos agentes podem efetivamente concorrer com o agente dominante – resultando em redução de preços e aumento de qualidade ao consumidor final. Nas palavras de Calvano e Polo (2020, p. 6), a ideia por trás desse argumento é a de que em um mundo com rápida inovação, potenciais entrantes possivelmente mitigam os efeitos sociais do poder de mercado exercido pelos grandes agentes.

---

[68] "Three important early contributions by Farrell and Saloner (1986), Katz and Shapiro (1992) and Fudenberg and Tirole (2000) pointed at switching costs. In its simplest incarnation, the idea is that once a consumer makes a purchase, she cannot change her mind. (...) A common theme in recent work is to look at consumer "coordination" (or lack thereof). To fix ideas, consider the following situation. A competitor with a slightly superior technology (in the sense described above) wants to challenge an incumbent. The entrant is a subsidiary of a large firm with a well-established reputation and the services offered are very similar to those of the incumbent. There are no switching costs and the price offered by the entrant is not higher than that offered by the incumbent. This situation seems to better capture the current landscape (of course up to the assumption of higher quality) with several firms failing to displace incumbents despite deep pockets, established reputation, famous brands and frictionless switching. For instance, Microsoft's effort s to challenge Google in the search engines market; Google's effort to challenge Microsoft in office productivity apps or Google's effort to displace Facebook in social networking" (CALVANO; POLO, 2020, p. 7, 8).

Observa-se, portanto, que diante da tendência permanente à monopolização, a inovação exerce papel de potencial contestação aos monopólios: novos entrantes desafiam a posição dominante ao oferecerem novos modelos de negócio. Nas palavras de Jean Tirole (2018), mercados em monopólios contestáveis são aqueles em que, se o agente deseja entrar, ele pode entrar. Também por esse motivo, a proteção da inovação merece especial atenção nos mercados digitais, bem como é questionável a adequação das ferramentas tradicionais de análise antitruste para amenizar tais preocupações.

Por fim, vale lembrar que a teoria econômica dos novos mercados assume a possibilidade de que a inovação seja, por vezes, prejudicial à concorrência – classificada nesses casos como "predatória" (SCHREPEL, 2018).[69] Alan Delvin e Michael Jacobs (2012) também dedicam longo estudo às inovações anticompetitivas, que seriam exceções às orientações de proteção à inovação por meio do Direito Antitruste. Destaque-se, a título ilustrativo, que exceções à proteção da inovação são admitidas na doutrina antitruste: no âmbito das condutas, o *pay for delay*[70] é uma prática de eliminação à inovação admitida pelas autoridades antitruste, desde que observados limites no caso concreto. O caso FTC v. Atavis é um paradigma na doutrina antitruste americana nesse sentido (EDLIN *et al.*, 2013). Assim, é necessário registrar que a proteção à inovação amplamente abordada ao longo da presente seção não contempla eventual proteção à inovação predatória.

Desse modo, tem-se um panorama da importância central da inovação na construção da teoria do dano das aquisições eliminatórias. Além disso, as características dos mercados digitais criam um cenário de proliferação da eliminação de agentes inovadores, demandando maior atenção das autoridades antitruste de todo o mundo.

---

[69] Quanto às inovações predatórias, embora haja divergência doutrinária quanto à definição do termo (SCHREPEL, 2018), seriam objeto de preocupação concorrencial no âmbito dos mercados digitais aquelas inovações que geram a necessidade de venda casada (*technological tying*). Assim, ilustrativamente, a criação de uma nova entrada de hardwares com o único objetivo de incompatibilizar o produto com concorrentes seria, em tese, hipótese de inovação predatória. Nesse contexto, eventual concentração econômica que eliminasse tal inovação não seria, necessariamente, nociva à concorrência nos mercados envolvidos.

[70] "*offering patent settlements that pay generic companies not to bring lower-cost alternatives to market. These "pay-for-delay" patent settlements effectively block all other generic drug competition for a growing number of branded drugs*". Em: https://www.ftc.gov/news-events/media-resources/mergers-competition/pay-delay. Acesso em: set. 2020.

2.2.3 Concorrência atual ou potencial

O último ponto discutível da teoria da Cunningham *et al.* diz respeito à necessidade de caracterização da concorrência atual ou potencial. A definição proposta pelos autores – e amplamente adotada como paradigma dessa teoria – considera que a empresa alvo é adquirida para eliminar a inovação e "prevenir concorrência futura". O uso do termo "futuro" e o modelo matemático[71] sugerido por Cunningham *et al.* para demonstração da teoria impõem como requisito da teoria o estágio potencial da concorrência. Além disso, a teoria desses autores considera a possibilidade de que as aquisições eliminatórias incentivariam a "inovação *ex-ante*",[72] que seria justamente a hipótese de desenvolvimento completo do medicamento antes da aquisição de empresa desenvolvedora. Tais argumentos demonstram que a referida teoria desconsidera a possibilidade de ocorrência das aquisições eliminatórias em casos de concorrência atual.

Assim, para Cunningham *et al.*, a teoria das aquisições eliminatórias seria aplicável apenas quando a inovação não está completamente desenvolvida – e caberá ao adquirente a decisão quanto à continuidade do projeto. Nessa medida, referido modelo não considera aquisições em que a inovação esteja plenamente desenvolvida e a aquisição seja concomitante à efetiva concorrência. A nosso ver, tal restrição é injustificável do ponto antitruste, pois limita indevidamente o escopo da teoria das aquisições eliminatórias explorado na seção anterior: proteger a inovação.

Embora a escolha por um modelo que desconsidera a concorrência atual não esteja expressamente justificada em seu estudo, o recorte escolhido por Cunnigham *et al.* é compreensível no âmbito do mercado farmacêutico escolhido para verificação empírica da teoria. Sabe-se que naquele mercado a oferta efetiva dos produtos ao consumidor depende do seu registro de patente e da autorização prévia de autoridades regulatórias, de modo que seria incomum e inesperado que os agentes econômicos retirassem um medicamento do mercado após o processo de desenvolvimento ser concluído, salvo por motivos alheios à decisão corporativa, como a anulação ou nulidade da autorização. De

---

[71] Vide Cunningham *et al.*, 2018, p. 9.
[72] Em síntese, a oportunidade de ser adquirido no futuro incentivaria o inovador a acelerar seu projeto, ocasionando a chamada inovação *ex ante*. Para alguns autores, esse seria um efeito líquido positivo das aquisições eliminatórias. Contudo, como veremos ao longo deste tópico, não há razão para excluir tais casos do escopo dessa teoria do dano.

todo modo, considerando-se que nosso objetivo é buscar a definição do conceito de aquisição eliminatória no contexto específico dos mercados digitais, faremos algumas observações sobre a possibilidade de aplicação dessa teoria para concorrências atuais – distinguindo nesse ponto da definição de Cunningham *et al*.

Assim como os debates sobre a proteção da inovação, o conceito de concorrência potencial não é novidade na teoria antitruste: o economista John B. Clark cunhou o termo ainda em 1904, ao tratar a potencial entrada de agentes para concorrer com trustes, discutiu a questão da concorrência potencial na teoria antitruste.[73] Mais de um século depois, conforme observa Marcelo Nunes de Oliveira (2017, p. 36), a aplicação da teoria na prática antitruste, embora potencialmente relevante, ainda carece de métodos claros de aplicação que cubram lacunas existentes.

De fato, a concorrência potencial deve ser levada em consideração especialmente nos casos em que os agentes envolvidos já estão consolidados nos respectivos mercados, como é o caso da aquisição do Instagram e WhatsApp pelo Facebook. Em ambos os casos, trata-se pretensamente de aquisições horizontais (todos agentes nos mercados de redes sociais), embora os produtos não sejam propriamente substitutos entre si, especialmente sob a ótica do consumidor. Assim, é possível questionar se Instagram[74] e Whatsapp poderiam representar potencial ameaça à posição dominante exercida pelo Facebook – e se esse foi o fator de racionalidade nas operações. Por outro lado, é importante destacar que nesses casos não houve eliminação das empresas após a aquisição, mas sim a continuidade das operações, casos que mais se assemelham ao conceito de *zombie acquisition* tratado anteriormente.

Os casos que envolvem concorrência potencial estão naturalmente ligados ao caráter de proteção da inovação inerente à teoria das aquisições eliminatórias. Consequentemente, nesses casos, as autoridades deverão enfrentar os problemas atinentes à concorrência potencial em

---

[73] (...) "(...) *and everybody knows that "potential competition", as the phrase is, - the competition of the mill that is not yet built but will be built if the trust becomes too extortionate, - holds these comercial monsters in check*" (CLARK, 1904, p. 955).

[74] Sobre o caso específico da operação de compra do Instagram, salutar as observações de Hemphill e Wu: *To understand a deal that eliminates a nascent threat, the right starting point is the size—that is, the expected value—of the resulting harm. The expected value is a simple and familiar tool in economics and cost-benefit analysis. It has two components: the size of the benefits lost had the nascent threat grown into a viable competitor, multiplied by the likelihood of that outcome. No exact calculation is needed to recognize that the expected harm from the acquisition of Instagram might be very large, even if the probability of Instagram's emergence as a successful competitor was modest. Moreover, the net harm from eliminating a nascent rival may remain high even after taking account of any merger-specific benefits of the deal.* (HEMPHILL; WU, 2020).

geral, especialmente em relação a critérios para classificar determinado agente como concorrente potencial. De todo modo, não há justificativa razoável para excluir da teoria a concorrência atual – com mais razão ao considerarmos que tais problemas relacionados aos critérios de classificação não estão presentes.

Em relatório recente sobre aquisições eliminatórias, a OCDE aponta que a perda de bem-estar decorrente da interrupção do desenvolvimento de um projeto em andamento não deve ser desconsiderada pelas autoridades antitruste (OECD, 2020b, p. 16). A ressalva feita pela OCDE, no sentido de que produtos em desenvolvimento "não devem ser desconsiderados" aponta também para a conclusão de que os produtos já desenvolvidos (e, portanto, oferecem concorrência atual) são considerados teoria das aquisições eliminatórias.

Conforme explorado no tópico anterior, a inovação é o ponto central da teoria das aquisições eliminatórias e a aplicação da teoria depende da comprovação de que o objetivo da concentração é eliminar a inovação. Contudo, casos de concorrência atual são exceção nesse cenário e, portanto, objeto de menor preocupação. A dificuldade da aplicação da teoria está justamente na incerteza da concorrência potencial e da inexistência de sobreposição horizontal concomitante ao tempo da operação.

Em alguns casos, a definição sobre concorrência potencial ou atual pode depender da delimitação de mercado relevante adotada pela autoridade. Se Facebook, Instagram e WhatsApp forem considerados genericamente como pertencentes ao mercado de "redes sociais", mesmo com as diferentes utilidades apresentadas por cada aplicativo nas duas pontas do mercado (anunciantes e usuários), a aquisição dessas últimas pelo Facebook não poderia representar, segundo a definição Cunningham *et al.*, uma aquisição eliminatória. Isso porque a concorrência entre as empresas, embora sobreposta de maneira horizontal, seria atual e não potencial.

Situação semelhante ocorreria no caso da aquisição da disputa de mercado entre Microsoft e Netscape[75] no final da década de 1990: caso a definição de mercado fosse ampla, como "softwares eletrônicos",

---

[75] Inspirados pelo caso Microsoft e Netscape, Hemphill e Wu apresentam três características de "concorrente nascente" que são ilustrativas no cenário da concorrência em mercados digitais. Naquele caso, as características que levaram o judiciário norte-americano a considerarem a Netscape concorrente nascente foram (i) a promessa de desenvolvimento de software plataforma inovador; (ii) que inovação ainda não era desfrutável, mas seria em um futuro próximo; e (iii) que essa promessa representava séria ameaça ao Windows (no ponto de vista dos agentes) (Hemphill & Wu, 2020, p. 7).

não haveria concorrência potencial – como supunha a Microsoft –, e sim atual, excluindo a possibilidade de enquadramento do caso na teoria das aquisições eliminatórias. Percebe-se claramente que tal exclusão não faria sentido do ponto de vista antitruste, pois o objetivo da teoria seria proteger a inovação já implementada pelos novos agentes, e não a concorrência potencial ou atual entre eles.

Desse modo, concluímos que a teoria das aquisições eliminatórias parece ser mais ampla do que originalmente proposto por Cunningham *et al.* e abrange também os casos de concorrência atual – embora os problemas surjam com mais frequência em casos de concorrência potencial.

2.3 Conclusões do tópico

Por meio da análise aprofundada dos elementos caracterizadores das aquisições eliminatórias sugeridos por Cunningham *et al.*, bem como tendo em vista as definições debatidas pela OCDE em relatório recente, buscamos, no presente tópico, analisar quais operações seriam potencialmente enquadráveis na teoria das *killer acquisitions*. Para tanto, analisamos isoladamente os seguintes elementos: necessidade ou não de sobreposição entre as empresas envolvidas, imprescindibilidade do objetivo de eliminação da inovação e se a concorrência oferecida pelo entrante seria atual ou potencial.

Assim, encontramos a seguinte definição para o fenômeno das aquisições eliminatórias (*killer acquisitions*): os atos de concentração econômica cujo objetivo é eliminar ou restringir a inovação. Tais conclusões não significam que o modelo teórico de Cunningham *et al.* deva ser superado, ao contrário: indica ampliação do conceito para abranger também a duas hipóteses não previstas na definição original: (i) casos em que não há sobreposição horizontal – mesmo que potencial – como os de arranjos verticais e em conglomerado; e (ii) casos de concorrência atual, em que a inovação está completamente desenvolvida e em operação no mercado.

Além disso, observamos que as características dos mercados digitais potencializam as preocupações decorrentes da eliminação de inovações, justamente pela importância da contestabilidade em mercados tendentes à monopolização. Desse modo, abordaremos a seguir prognósticos para uma abordagem antitruste adequada diante do fenômeno das *killer acquisitions*.

CAPÍTULO 3

PROGNÓSTICOS DA ANÁLISE ANTITRUSTE CONTRA AS *KILLER ACQUISITIONS*

Destacados os elementos da teoria das aquisições eliminatórias à luz dos mercados digitais e em comparação ao modelo sugerido por Cunningham *et al.*, a presente seção busca analisar a caracterização das aquisições eliminatórias enquanto teoria do dano à concorrência capaz de ensejar atuação específica da autoridade antitruste para evitar tais casos, por meio do controle de estruturas, bem como as dificuldades inerentes a esse processo. Em seguida, discute-se formas de atuação preventiva contra as *killer acquisitions*, bem como eventuais reformas na abordagem antitruste para que a teoria do dano seja observada na prática.

Naturalmente, considerando que tais concentrações trazem efeitos concorrenciais negativos para o processo competitivo e os consumidores – conforme demonstrado nos tópicos anteriores, é necessário discutir (i) se é desejável que as autoridades antitruste atuem para resolver tal problema e (ii) de que forma. Na segunda pergunta, inserem-se ainda questões relativas à (in)suficiência das ferramentas legais existentes para combater o problema.

3.1 As aquisições eliminatórias como teoria do dano à concorrência e o papel da autoridade antitruste

No Brasil, a prática do Cade em controle de concentrações indica poucos precedentes em que a inovação foi fator de preocupação (JASPER, 2019). De todo modo, considerando-se que o objetivo desta obra é explorar a definição das aquisições eliminatórias como teoria do dano aplicável à atuação preventiva concorrencial, passaremos a observar quais desafios seriam enfrentados caso, de fato, sejam implementadas alterações no paradigma ou nas ferramentas de análise nesse sentido. A conclusão de que a proteção da inovação está incluída entre os objetivos do antitruste – seja qual for a corrente teórica adotada pelo ordenamento jurídico e autoridades de defesa da concorrência – leva a outras questões práticas, de especial interesse para o presente artigo. A principal delas diz respeito a qual deve ser a postura da autoridade antitruste diante de uma concentração econômica que tenha por efeito (ou objetivo) a eliminação de um agente inovador e, antes disso, como avaliar se a operação de fato tem por objetivo a eliminação da inovação.

Em última análise, a opção por determinada alteração na abordagem antitruste terá vinculação com a afinidade teórica dos responsáveis pela aplicação da reforma. Isso porque a adoção de parâmetros marcados por presunções estruturais voltadas para os grandes agentes é medida que encontra resistência entre adeptos do critério de bem-estar do consumidor conforme visão neoclássica. Por outro lado, como visto ao longo do Capítulo 1, medidas dessa natureza encontram apoio entre os teóricos chamados neo-brandeisianos ou Pós-Chicago, que defendem a necessidade de um Direito Antitruste mais interventivo.[76]

Como destacado por Zenger e Walker (2012), as autoridades antitruste europeias têm crescente foco na elaboração de teorias do dano que fundamentem preocupações concorrenciais, especialmente no controle de estruturas. O objetivo de construir uma teoria do dano é fornecer um mapa às autoridades e agentes econômicos para que não só percebam as premissas que levam a considerar determinada prática anticompetitiva, mas também não incorram nela. Assim, interessados e concorrentes podem ter acesso a informações claras sobre os critérios de configuração de determinada prática e, em casos de notificação de operações, sabem quais elementos serão considerados pela autoridade durante a análise e quais preocupações serão levadas em conta sob a ótica daquela teoria do dano.

Nesse cenário, o objetivo prático do presente tópico é oferecer uma teoria do dano e alternativas à abordagem antitruste com vistas a mitigar os problemas causados pelas aquisições eliminatórias.

Considerando-se que a eliminação da inovação é o ponto central da teoria das aquisições eliminatórias, a implementação da atuação antitruste nesse contexto envolve desafios especialmente ligados à mensuração do dano e aos parâmetros para sua aplicação na prática.

---

[76] Sobre esse tema, vide os tópicos 1.1 e 1.2 do Capítulo 1.

Mesmo entre aqueles que admitem a necessidade de alteração nos paradigmas de análise antitruste, inexiste consenso teórico quanto ao principal desafio para as autoridades. Para Baker (2007, p. 10), seria isolar o efeito da eliminação da inovação à concorrência. Por sua vez, a OCDE aponta em seu relatório a dificuldade em traçar um cenário contrafactual hipotético de ausência da concentração, ou seja, em imaginar como seria o processo competitivo se a operação fosse reprovada pela autoridade antitruste. Mesmo com essas ressalvas, a OCDE aponta que não há razão para que a inovação seja desconsiderada na análise antitruste ou mesmo reservada a determinados mercados (OECD, 2020b, p. 16).

A própria teoria de Cunningham *et al.* ressalta a importância de uma análise antitruste de bem-estar que compreenda a importância da inovação – embora reconheça a dificuldade desse processo devido às diferentes "forças" envolvidas no processo de inovação. Segundo os autores, uma análise compreensiva no setor farmacêutico (tomado aqui a título ilustrativo) envolveria fatores como mortalidade de pacientes, excedente do consumidor, transbordamentos (*spillovers*)[77] tecnológicos e incentivos à inovação ex-ante (aquela que se antecipa à concentração justamente para atrair empresas interessadas) (CUNNINGHAM, *et al.*, 2018, p. 51).

Portanto, é necessário observar que eventual reforma no modo de atuação das agências antitruste deve levar em consideração a dificuldade em mensurar critérios não precificáveis, especialmente em mercados dinâmicos como os digitais. Brandenburger *et al.* (2017, p. 32) sugerem dois pontos de especial atenção para a reforma: (i) evitar a onerosidade excessiva das empresas interessadas na transação; e (ii) evitar que as agências se ocupem desnecessariamente de operações com reduzida capacidade de gerar efeitos anticompetitivos.

Nesse sentido, o International Competition Network (ICN) publicou guia com práticas recomendadas ao controle de estruturas, destacando que a regra de notificação deve ser baseada em "critérios objetivamente quantificáveis", como quantidades de ativos, vendas ou faturamento. Por outro lado, exemplos de critérios não objetivamente quantificáveis são participação de mercado e efeitos potenciais da operação.[78]

---

[77] *Spillovers constitute the diffusion of confidential knowledge on R&D and/or other activities towards one or more competitors or to the other division/subsidiary of the integrated firm.* (LASKOWSKA, 2013, p. 62).

[78] INTERNATIONAL COMPETITION NETWORK, *Recommended Practices for Merger Control Notification*. Maio 2017. Disponível em: https://www.internationalcompetitionnetwork. org/wp-content/uploads/2018/09/MWG_NPRecPractices2018.pdf. Acesso em: 30 abr. 2022.

A exigência de uma formulação clara sobre a teoria do dano, além de promover segurança jurídica, exige que a própria autoridade antitruste se preocupe em investigar os danos potenciais da teoria antes que seja aplicada na prática de maneira inconsistente. Segundo Zenger e Walker (2012, p. 1), uma teoria do dano bem desenvolvida deve ter quatro características: (i) articular como o processo competitivo e, em última análise, os consumidores serão prejudicados em relação a um cenário contrafactual definido adequadamente; (ii) ser logicamente consistente; (iii) deve ser consistente com os incentivos enfrentados pelas partes; e (iv) deve ser consistente (ou, ao menos, não inconsistente) com a evidência empírica disponível.

À luz do que foi exposto nos tópicos anteriores, é possível compatibilizar as características da teoria das aquisições eliminatórias com as características da teoria do dano proposta por Zenger e Walker.

3.1.1 O cenário contrafactual

Quanto ao cenário contrafactual definido em que se vislumbra a potencial prejudicialidade ao processo competitivo e ao consumidor, a dificuldade inerente a esse processo é justamente o trabalho preditivo em relação ao que pode acontecer se as empresas permanecem ativas. Atualmente, considerando que os casos concretos de aplicação da teoria das aquisições eliminatórias são escassos, em regra atos de concentração notificados que potencialmente se enquadrem nos critérios da teoria são aprovados, de modo que não há evidência empírica suficiente, nos mercados digitais, para análise de um cenário contrafactual. Essa foi a observação de Jean Tirole em discurso para a Comissão Europeia, em 2018, ao ressaltar que não poderia provar que a eliminação da inovação seria um objetivo de recorrentes aquisições de *startups* nos mercados digitais (TIROLE, 2018).

Vale observar, por outro lado, que as dificuldades preditivas dos modelos econômicos não são exclusividade das novas teorias do dano: a lição de Banerjee e Duflo (2019, p. 12) demonstra a tentativa de economistas em prever o futuro é um dos fatores que minam a confiança no trabalho desses profissionais. Isso porque os mercados são fenômenos complexos e influenciados por diversos fatores, de modo que metodologias baseadas em previsões do futuro tendem a falhar e, por consequência, oferecer pouca segurança aos agentes econômicos. Assim, os autores concluem que diante dos obstáculos na acurácia de modelos preditivos, a opção por modelos dedutivos seria mais adequada (2019, p. 13). Além disso, nessa visão, mesmo a noção hegemônica de bem-estar na teoria economia merece reflexão, uma vez que critérios de dignidade e qualidade de vida são variáveis em contextos sociais e individuais diversos.

De fato, a formulação de instrumentos que prescindam da avaliação de cenários preditivos nos parece mais adequada, especialmente em um quadro em que o histórico aquisitivo de determinado setor indica potencial reiteração do comportamento de eliminação de novos agentes por meio das concentrações. Nesse contexto, a alteração dos critérios de notificação para que seja possível uma análise mais detida dos casos ou mesmo a inversão do ônus de justificação da racionalidade das operações são medidas a serem consideradas no cenário contrafactual (o que ocorreria se tais casos fossem analisados pela autoridade antitruste?).

Desse modo, a pretensão da teoria econômica utilizada como elemento da aplicação do direito não deve ser um exercício de futurologia quanto ao cenário pós-operação, mas sim o de adequação aos objetivos da norma diante dos elementos concorrenciais de fato.

No cenário hipotético em que a teoria do dano é verificável, a empresa-alvo estaria disposta a permanecer independente e inovadora sem a operação, de modo que pudesse oferecer, em alguma medida, contestabilidade ao adquirente. Essa análise envolve questões como capacidade de obtenção de financiamento pela empresa entrante e a possibilidade futura de que outra empresa faça uma oferta pelo agente. Nesse sentido, Cunningham *et al* (2018a, p. 3) demonstram que as aquisições podem ser consideradas eliminatórias quando a inovação da empresa-alvo é qualitativamente superior à do incumbente, nas hipóteses em que o incumbente se beneficia das sinergias da empresa-alvo e há múltiplos potenciais compradores.

Ademais, a relação entre o processo competitivo e a inovação foi objeto de abordagem no tópico 1.2 do primeiro capítulo deste livro, buscando demonstrar o potencial dano à inovação decorrente da excessiva concentração de poder de mercado entre poucos agentes. Conforme destacado anteriormente, a intervenção antitruste para evitar o comportamento abusivo de agentes dominantes representa a materialização do princípio da livre concorrência, na medida em que possibilita a permanência do agente inovador por seus próprios méritos. Na ausência de intervenção antitruste, verifica-se a possibilidade de exclusão dos agentes inovadores por diversas formas, dentre elas a aquisição com viés eliminatório da empresa inovadora.

Considerando a proposta de Zenger e Walker para a formulação de uma teoria do dano, o consumidor sairia prejudicado pela saída de uma opção potencialmente inovadora do mercado. Em última análise, a depender da natureza da inovação eliminada, todo o mercado e o processo competitivo pode ser prejudicado com a saída de uma inovação disruptiva, que oferecia a todos agentes a substituição do modelo de negócio. Obviamente, transformações dessa dimensão são menos frequentes, porém, o objetivo da teoria do dano às aquisições eliminatórias é justamente para preservar a possibilidade de ocorrência desses processos transformadores.

Diversas alternativas surgem como ferramenta de observação dos cenários contrafactuais para aferição do risco à inovação decorrente de determinada aquisição. Discutiremos, na segunda parte deste capítulo especificamente, como as formas de atuação antitruste podem se ajustar ao fenômeno das *killer acquisitions*.

Portanto, conforme visto no tópico anterior, não é possível desconsiderar a importância da inovação para o processo competitivo nos mercados digitais, de modo que a impossibilidade de comprovação prática de que certas operações aprovadas ou não analisadas por autoridades antitruste culminaram na eliminação de um agente inovador competitivo (e, por consequência, prejudicou o consumidor) não significa que o cenário contrafactual cogitado pela teoria seja inexistente. Na verdade, o conjunto de elementos reunidos pelas autoridades e pela academia indicam justamente o oposto: a inovação vem sendo alvo de recorrentes operações cujo objetivo é eliminá-las, o que não é permitido à luz da interpretação das normas antitruste vigentes.

3.1.2 Incentivos à inovação e à sua eliminação

Quanto aos incentivos enfrentados pelas partes, há extensa literatura econômica apontando a relação entre incentivo à inovação por meio do cenário competitivo com maior número de agentes e menores barreiras à entrada. Esse ponto foi também abordado nos tópicos 1.2 e 2.2.2 deste livro. Nesse sentido, Mermelstein *et al.* (2020) observam a evolução das indústrias comparando cenários de profusão de concentrações e investimento direto em pesquisa e desenvolvimento. Com base em evidências empíricas, os autores concluem que um cenário de leniência no controle de estruturas incentiva a postura de *entry for buyout* dos novos entrantes, isto é, deixam de entrar para permanecer no mercado, mas objetivam apenas alcançar determinado grau de atratividade financeira para serem vendidos aos incumbentes.

Conclusão semelhante foi alcançada por Segal e Whinston (2007), para quem a intervenção da política do controle de concentrações tem efeito também do ponto de vista dos entrantes: novos agentes possuem incentivo ao "*entry for buyout*" quanto às autoridades antitruste são mais lenientes na análise dessas operações. Segundo esse entendimento, um controle de concentrações menos rígido facilitaria novas entradas – mesmo que a intenção dos agentes seja a posterior venda do empreendimento e consequente saída do mercado. Assim, na aplicação da teoria das aquisições eliminatórias, cabe à autoridade concorrencial avaliar as eficiências apresentadas pelos interessados diante do cenário hipotético de eliminação do agente.

De maneira semelhante, Tim Wu (2012) aponta que, se a exclusão de um concorrente por meio da aquisição foi economicamente menos custosa para o incumbente do que o investimento em inovação, esta alternativa será considerada racionalmente (e potencialmente vantajosa para um agente monopolista). De igual modo, para Zenger e Walker (2012, p. 29), os efeitos anticompetitivos são prováveis apenas quando o agente possui o incentivo e a habilidade de agir de modo anticompetitivo.

Nesse contexto, sugere-se que o papel da autoridade antitruste como agente promotor da inovação seria tornar a eliminação menos vantajosa, forçando o interessado a optar pelo investimento em inovação. Nos mercados digitais, tendo em vista as características já mencionadas no capítulo anterior, especialmente o poder de mercado das plataformas e a tendência à monopolização, bem como a importância da contestabilidade nesse contexto, entendemos que é provável que tais incentivos para prática das aquisições eliminatórias sejam observados em casos concretos.

No entanto, essa abordagem dos incentivos falha, ao considerar aprioristicamente que a aquisição do agente inovador (e o cálculo dos custos envolvidos) se dará com o objetivo de eliminá-lo, o que só poderá ser comprovado após a aprovação da operação. Por isso, a observação empírica torna-se importante para definir os rumos da política antitruste nesse cenário, assunto que abordaremos adiante.

3.1.3 Evidência empírica disponível e a consistência lógica da teoria

Quanto à evidência empírica disponível, conforme observado anteriormente, há duas dificuldades claras em relação aos mercados digitais: (i) o fato de não haver um repositório confiável com informações sobre inovações, pesquisa e desenvolvimento nesses mercados

– diferentemente do que ocorre na indústria farmacêutica; e (ii) ao tratamos de atuação preventiva da autoridade antitruste, há dificuldade natural em traçarmos um cenário contrafactual baseado apenas em suposições de como o mercado atuaria caso aquela operação não ocorresse, de modo que o caminho mais seguro é orientar a elaboração de presunções estruturais com base no cenário atual.

A resistência à atuação da autoridade antitruste, nesses casos, está ligada também ao custo do erro em eventual reprovação de operação cujo dano não pode ser demonstrado. O cenário em que o risco do erro envolve a reprovação de operação economicamente relevante leva as autoridades antitruste a adotarem a inércia como padrão de atuação no controle de estruturas (BRYAN; HOVENKAMP, 2018).

Frank Easterbrook (2013, p. 10–11), expoente da Escola de Chicago, considera que o custo dos falsos positivos – reprovação de operações que posteriormente demonstrem que o agente inovador não contestou o mercado do incumbente – na defesa da concorrência é potencialmente mais alto do que dos falsos negativos – aprovação de operações que eliminam a empresa-alvo que teria crescido o suficiente para contestar a posição do incumbente –, porque, em sua visão, o próprio mercado seria capaz de mitigar os custos dos falsos positivos, mas não evitam as distorções causadas pelos falsos negativos, embora ambos erros sejam inevitáveis.

Ragazzo observa que a inovação cria oportunidade para erros na análise antitruste por duas razões:

> Primeiro porque se tratam de novos produtos, plataformas, e práticas negociais, sobre as quais há poucas informações; segundo, e mais importante, porque, quando se trata de inovações disruptivas, tem-se mais a perder do que em intervenções em setores tradicionais, visto que se perdem grandes benefícios em prol dos consumidores (RAGAZZO, 2019, p. 90).

Quanto à possibilidade de sistemática aprovação de atos de concentração anticompetitivos – casos de falsos negativos –, a consultoria econômica Lear publicou relatório no ano de 2019, em que revisou operações de aquisição nascente nos mercados digitais e concluiu pela existência de "lacunas na forma de análise dos casos" e que em metade dos casos analisados "podem representar oportunidades perdidas para a ascensão de desafiadores aos agentes dominantes" (LEAR, 2019,

p. 13).⁷⁹ O relatório da Lear indica, portanto, a aplicação insuficiente da política de atuação preventiva antitruste nesses mercados, o que foi corroborado pelo relatório da OCDE (2020a, p. 33).

Importante notar, ainda, que a possibilidade de erro está presente constantemente na aplicação dos métodos econômicos preditivos baseados no critério de eficiência produtiva e de bem-estar do consumidor. Isso porque as informações sobre a inexistência de um cenário pós-operação em que haverá aumento de preços – fundamental para a aprovação das concentrações nos moldes atuais – é baseada unicamente nas informações de mercado apresentadas pelos requerentes e nas eventualmente solicitadas pela autoridade antitruste, sem garantia de que aquele cenário pós-operação irá se confirmar. O custo do erro da autoridade surge, nessa hipótese, na direção inversa: caso a operação seja aprovada, os consumidores estarão sujeitos à perda do bem-estar representada pelo aumento de preços ou perda de qualidade.

Em uma revisão detalhada do modelo de controle de estruturas nos Estados Unidos, John Kwoka (2013, p. 3) observou que "grande parte das operações estudadas resultaram em preços maiores, mesmo com a imposição de remédios". Tais dados evidenciam a ocorrência prática de erros na análise antitruste mesmo quando consideramos apenas o preço como critério de aferição do bem-estar do consumidor.

O custo do erro, desse modo, é observável tanto na hipótese de impugnação de uma operação pró-competitiva quanto na aprovação de atos de concentração anticompetitivos – de modo que não pode ser argumento utilizado para afastar indistintamente a possibilidade de escrutínio antitruste de operações potencialmente prejudiciais à concorrência e ao consumidor. Nesse sentido, conforme apontado em relatório da OCDE (2020a, p. 32), não há registro de reprovação de operações nos mercados digitais nas últimas décadas, de modo que inexistem erros de natureza "positiva" e, portanto, é impossível falar em atuação excessiva das autoridades antitruste. Conclusão idêntica foi encontrada no Furman Report (2019, p. 91) da autoridade britânica de defesa da concorrência.

---

⁷⁹ *While we have identified some gaps in the way that the Authorities analysed these cases, it is not always clear whether competitive harm has arisen as a result of such gaps. The decisions taken in Facebook/Instagram and Google/Waze may have represented missed opportunities for the emergence of challengers to the market incumbents but have also likely resulted in efficiencies. The decisions taken in Priceline/Kayak and Amazon/The Book Depository appear less controversial, as the level of competition in the markets concerned does not seem to have been substantially affected by the mergers.*

De modo geral, observa-se que o custo do erro está ligado intrinsicamente à opção por um modelo preditivo: caso a decisão sobre aprovação ou reprovação esteja baseada unicamente em informações que só serão aferíveis no cenário futuro, o exercício do controle de estruturas dependerá sempre de instrumentos preditivos incertos. Essa é a observação de Abhiit Banerjee e Esther Duflo (2019, p. 12), ao criticarem a intenção de economistas em preverem o futuro, pois esse cenário contribuiria para a queda da confiança nas ciências econômicas.

De modo semelhante é a crítica de Katz e Shelanski (KATZ; SHELANSKI, 2006, p. 19), ao analisarem os métodos preditivos utilizados no controle de estruturas: para os autores, a ligação entre concentração existente e o bem-estar, bem como dessa e a concentração pós-operação é fraca quando há significativa inovação no mercado em questão. Essa ausência de nexo ocorre, segundo os autores, porque a inovação não se vincula às vendas correntes de determinado bem, ou mesmo à participação de mercado dos requerentes, fazendo com que a estrutura dos mercados no futuro seja de difícil previsão.

Sob essa ótica, presunções estruturais podem oferecer aos agentes de mercado um caminho mais seguro, desde que baseadas em premissas formuladas a partir da observação de um cenário específico – no presente caso, os mercados digitais e a preservação da inovação –, reduzindo a necessidade de utilização de métodos preditivos.

De modo geral, estudos empíricos apontam para uma atuação discreta das autoridades de defesa da concorrência por meio do controle de estruturas no ambiente digital. No Brasil, a consultoria Distrito[80] divulga mensalmente relatório com números totais de investimentos,[81] fusões e aquisições ocorridas com *startups* brasileiras. Os números de 2012 (ano de entrada em vigor da atual Lei de Defesa da Concorrência) a 2019 estão resumidos no quadro a seguir:

---

[80] Relatório *Inside Venture Capital* Brasil, publicado em dezembro de 2019. Disponível em: https://docsend.com/view/eds2ez5. Acesso em: 24 jun. 2020.

[81] Rodadas de investimento, embora não envolvam necessariamente a troca de controle, podem ser relevantes do ponto de vista estrutural caso se enquadrem no conceito de "contrato associativo", previsto no art. 90, IV, da Lei nº 12.529/2011. Vide, por exemplo, o Ato de Concentração nº 08700.1547/2016-12.

TABELA 1: investimentos e aquisições de startups no Brasil

Ano	Rodadas de investimento	Fusões e aquisições
2012	135	7
2013	192	4
2014	199	11
2015	209	18
2016	210	12
2017	263	14
2018	240	18
2019	260	60

Fonte: Elaboração própria.

Conforme se depreende dos dados acima, o número de negócios jurídicos celebrados por agentes nos mercados digitais é crescente. No entanto, a busca pelo termo "startup" na ferramenta de busca de precedentes do Cade no mesmo período, restrita aos casos de atos de concentração sumários e ordinários, encontra apenas onze resultados[82] – incluindo investimentos, fusões e aquisições.[83] Considerando o critério de notificação vigente, tais dados indicam não uma atuação reduzida da autoridade antitruste, mas potencial subnotificação de casos concorrencialmente sensíveis. Tem-se, portanto, prática antitruste ainda incipiente nesse cenário, insuficiente para orientar a atuação dos agentes de maneira clara.

De todo modo, teorias do dano à inovação mais amplas, relativas a outros mercados, têm sido adotadas nos precedentes concorrenciais estrangeiros, de modo que algumas premissas podem ser aplicadas também nos mercados digitais. Nessa linha, a Comissão Europeia traçou no caso Dow/DuPont um paralelo entre o aumento no número de concentrações no mercado agroquímico e a redução nas pesquisas para desenvolvimento de novos produtos. Segundo o relatório da autoridade, 42 agentes que concorriam em 1960 se concentraram em apenas seis

---

[82] São eles: Atos de Concentração nº 08700.011144/2015-09, 08700.001547/2016-12, 08700.007180/2016-12; 08700.002056/2018-51, 08700.000959/2019-88, 08700.001962/2019-19, 08700.003987/2019-57, 08700.000324/2020-14, 08700.006365/2020-14, 08700.001796/2020-94 e 08700.003704/2020-19.

[83] Um ponto relevante destacado por Brandenburger et al. (2017, p. 34) no debate sobre a eventual formulação de novos critérios de análise antitruste é levar em consideração os níveis de sucesso das *startups*, tendo em vista esse ser fator relevante no potencial competitivo dessas empresas. Assim, no universo de casos citados acima – que provavelmente foram ignorados pelo Cade – devem ser descontados aqueles em que, naturalmente, o empreendimento não foi bem-sucedido.

até o ano de 2008. Por outro lado, apenas entre 1995 e 2012, o número de pesquisas e desenvolvimento de novos produtos caiu pela metade.[84] De maneira semelhante, vimos ao longo do presente estudo operações concretas de grande relevância para o cenário de concorrência digital, como aquisição do Waze pelo Google e do WhatsApp pelo Facebook, que não foram objeto de escrutínio antitruste no Brasil.

Assim, a consistência lógica da aplicação das teorias aos casos práticos depende da própria autoridade, com a observância de seus precedentes e a elaboração de guias para orientação dos agentes interessados. Além disso, é importante que as autoridades levem em consideração as realidades locais na elaboração desses parâmetros, pois as teorias econômicas não são descoladas da sociedade em que se inserem.

Diante dos argumentos analisados ao longo deste tópico, concluímos que a teoria do dano às aquisições eliminatórias deve: (i) ser capaz de assimilar a relevância e o impacto da inovação para os comportamentos nesses mercados; (ii) para que seja reduzido o risco de erro (falso positivo), a proibição de fusões deve se pautar em presunções estruturais,[85] evidências sólidas e críveis de efeitos; e (iii) analisar detidamente e com critérios claros as justificativas negociais pró-competitivas apresentadas pelas empresas interessadas, especialmente quando pautadas em práticas ou produtos inovadores, considerando ainda o histórico aquisitivo das empresas do setor.

Nessa medida, a próxima seção analisará possibilidades de ajustes na atuação preventiva das autoridades concorrenciais que abranja adequadamente a preocupação decorrente da eliminação da inovação.

3.2 Formas de atuação antitruste contra as *killer acquisitions*

Diante da possibilidade legal e dos fundamentos teóricos que sustentam a atuação antitruste na proteção da inovação, bem como a

---

[84] Vide: Case nº Comp/M.7932, Dow/DuPont, 2017, p. 31.
[85] Hovenkamp e Shapiro (2018) denominam "presunções estruturais" os marcos legais que impõem determinado ônus aos agentes econômicos em casos específicos de concentrações, especialmente em mercados concentrados ou que tenham altas barreiras à entrada. Nessa linha, a própria ideia de que atos de concentração horizontais levantam maior preocupação a partir de determinada concentração de mercado seria um exemplo de presunção estrutural. No campo dos prognósticos de controle de concentrações para combate às *killer acquisitions*, alterações no ônus da prova ou do critério de notificação em operações notificadas por *big techs* seriam exemplos de presunções estruturais que serão exploradas no próximo tópico deste capítulo.

formulação da teoria das aquisições eliminatórias como teoria do dano à concorrência, passaremos a analisar de que forma prática essa atuação se daria, bem como os eventuais obstáculos e ajustes necessários diante dos instrumentos de análise existentes.

No exercício de suas competências, dois são os principais desafios às autoridades antitruste na análise de *killer acquistions*: (i) que casos potencialmente enquadráveis na teoria da aquisição eliminatória sejam notificados, i.e., sujeitos ao escrutínio antitruste, sem onerar excessivamente a autoridade; e (ii) elementos de mensuração do potencial dano à inovação decorrente da operação analisada.

Em todo caso, a inovação é fator que altera a maneira tradicional de análise antitruste e exige reformas na abordagem das autoridades de defesa da concorrência. A depender do potencial disruptivo de determinado produto ou serviço, a operação será tanto mais preocupante do ponto de vista concorrencial – e tal fator não está, como visto, relacionado aos níveis de participação de mercado das empresas envolvidas na operação. Desse modo, é necessário que as autoridades detenham os instrumentos necessários para instruir adequadamente o pedido de aprovação da operação e que não dependam unicamente de fatores como participação de mercado e faturamento para aferir o risco à inovação decorrente de determinada operação.

O relatório Furman elaborado pela CMA, autoridade britânica de defesa da concorrência, classificou como prioridade a potencial reforma da metodologia de análise de operações (FURMAN *et al.*, 2019). Segundo Baker (2007, p. 27), um programa de *enforcement* antitruste que promova a inovação deve (i) enfrentar restrições à concorrência pela inovação; (ii) proteger a concorrência em mercados com concorrência pelo mercado (*winner take-all* e *winner take-most*); (iii) proteger a concorrência nos mercados em que o provável desenvolvimento tecnológico ou regulatório ou um rápido crescimento de demanda determina o futuro do produto no mercado; (iv) proibir acordos horizontais de fixação de preços ou divisão de mercados; (v) prevenir acordos entre rivais que facilitem a coordenação sem justificativa comercial e (vi) proibir acordos horizontais que potencialmente reduzam a concorrência.

Apesar de algumas orientações genéricas (como a proibição de acordos horizontais de fixação de preços ou que facilitem a coordenação) servirem não apenas para a promoção da inovação, mas para a defesa do processo competitivo em si – que, como visto no Capítulo 1 deste livro, têm repercussão no processo de inovação –, os itens i, ii e iii apontados são especialmente aplicáveis aos mercados digitais. Todavia, a fixação de critérios nesse sentido envolve diversas variáveis tradicionais que podem sofrer alterações diante das características dos mercados digitais, como o conceito de entrada tempestiva e a definição do mercado relevante.

Além disso, um sistema efetivo de controle de concentrações deve ser seletivo, sob pena de se incumbir de inúmeras análises de casos de menor potencial anticompetitivo. Dessa forma, eventual revisão dos parâmetros de atuação prévia das autoridades antitruste deve ser efetuada com cautela, para garantir que a autoridade está olhando para os casos corretos e sob o enfoque adequado, de modo que os instrumentos de análise permitam de fato a aferição do dano à concorrência decorrente da operação. Nesse cenário, diversos elementos da análise de antitruste tradicional podem ser objeto de revisão, assunto que é amplamente discutido por autoridades antitruste nessa década (FURMAN *et al.*, 2019; GAUTIER; LAMESCH, 2020; LEAR, 2019; TIROLE, 2018).

Destaque-se, ainda, que a presente análise não ignora as dificuldades inerentes à avaliação do impacto dos atos de concentração no processo de inovação de determinado setor. Conforme destacado pelo *Merger Guidelines* dos Estados Unidos, eficiências como a inovação são potencial e substancialmente menos suscetíveis à verificação e podem ser o resultado da redução anticompetitiva de produção – ou seja, da redução de investimentos em pesquisa e desenvolvimento.[86] De todo modo, como amplamente discutido nos capítulos anteriores,[87] a dificuldade de aferição não é suficiente para afastar a necessidade de proteção estabelecida pela norma. Portanto, as sugestões propostas a seguir buscam justamente contribuir para o desenvolvimento de um processo de controle de estruturas bem definido e que ofereça aos agentes as informações necessárias para preservação da inovação no contexto de uma operação notificada.

Ademais, a despeito das discordâncias teóricas que eventualmente surjam em relação à teoria das aquisições eliminatórias, sugere-se que eventual reforma do processo de controle de estruturas seja baseado em evidências empíricas confiáveis, de modo a garantir transparência e segurança nesse contexto. Ainda, a premissa aqui adotada é a de que a abordagem antitruste com viés em favor do processo competitivo é

---

[86] "*Other efficiencies, such as those relating to research and development, are potentially substantial but are generally less susceptible to verification and may be the result of anticompetitive output reductions. Yet others, such as those relating to procurement, management, or capital cost, are less likely to be merger-specific or substantial, or may not be cognizable for other reasons*". (U.S. Department of Justice and the Federal Trade Commission, 2010).

[87] Vide tópico 1.3 do Capítulo 1.

mais eficiente na proteção à inovação, conforme debatido nos tópicos anteriores.[88]

Por outro lado, algumas sugestões podem ser adotadas mesmo sob a premissa da Escola de Chicago, haja vista a teoria das aquisições eliminatórias ter por objeto a proteção da inovação que, em última análise, está entre os objetivos do Direito Antitruste para os adeptos da teoria neoclássicos – embora não tenha sido observada na prática. Sob essa ótica, algumas ferramentas, como a alteração do critério de notificação ou a redistribuição do ônus da prova, podem ser consideradas meios de dar efetividade à ideia de promoção da inovação por meio do Direito da Concorrência.

Desse modo, sem a intenção de esgotar as possibilidades de alteração nos instrumentos de análise antitruste para a finalidade específica observada nesta obra, abordaremos a seguir possibilidades mais mencionadas na teoria antitruste sobre o tema e experiências práticas de autoridades antitruste adotadas com o intuito de proteção da inovação no controle de estruturas.

Serão discutidas as seguintes hipóteses: (i) ajustes na definição de mercado relevante; (ii) revisão do critério de notificação – medida já adotada em algumas jurisdições; (iii) alterações no ônus da prova para os requerentes; (iv) possibilidade de submissão de ofício das operações não enquadráveis no critério de notificação obrigatória; (v) determinação de desfazimento da operação; (vi) remédios e (vii) critérios de tempestividade. Ressalte-se que as medidas podem ser aplicadas conjuntamente na prática, a depender das possibilidades normativas e do caso concreto, de modo que a análise isolada de cada uma é opção adotada apenas para fins didáticos.

3.2.1 Definição de mercado relevante

A questão da existência ou não de sobreposição horizontal tem efeitos diretos na análise de concentrações, especialmente se as autoridades adotarem a definição sugerida por Cunningham *et al.* ou pela OCDE, no sentido de que a teoria das aquisições eliminatórias somente poderia ser aplicada em casos de concorrência horizontal entre os agentes envolvidos – hipótese rebatida no Capítulo 2 deste livro. Nesse sentido, a definição de mercado relevante tem repercussões

---

[88] Cf. tópico 1.2 do Capítulo 1.

no procedimento de análise a ser adotado com base em níveis de concentração de mercado.[89]

Sabe-se que a definição de mercado relevante pressupõe a existência de produtos substitutos próximos do ponto de vista do consumidor. Além disso, sob a dimensão geográfica, a proximidade do produto ofertado em relação ao consumidor também é avaliada na definição do mercado relevante.

Vale lembrar que, se consideramos o objetivo da definição de mercado relevante meramente como instrumento para a tentativa de prever o cenário pós-operação com relação aos parâmetros de preço e produção – conforme ensinamentos da Escola de Chicago –, devemos questionar até mesmo a utilidade desse instrumento para avaliação dos efeitos da operação em termos de inovação. O próprio Cade ressalta no seu Guia para Análise de Atos de Concentração Horizontal que a definição do mercado relevante não é um fim em si mesmo, mas sim uma ferramenta útil para análise antitruste (BRASIL, 2016, p. 13). Pergunta-se, portanto, se a definição de mercado relevante é ferramenta útil para a promoção da inovação nos mercados digitais.

Conforme aponta Branderburger *et al.* (2017, p. 34), a definição de mercado nos ambientes digitais é ainda mais desafiadora em relação aos mercados tradicionais, pois no ambiente virtual as inovações usualmente transformam indústrias inteiras. Para os autores, enquanto a definição restrita de mercado relevante pode sugerir maiores preocupações concorrenciais em termos de participação de mercado, o efeito geral da operação pode ser pró-competitivo se permitir à empresa resultante competir com maior eficiência no mercado relevante mais amplo ou em mercados relacionados. Lembre-se que a proximidade de mercados e a conglomerização são características dos mercados digitais, especialmente em função da possibilidade de uso de dados adquiridos pelo incumbente no mercado de origem. Assim, as autoridades deveriam considerar em sua análise o equilíbrio de fatores em situações complexas.

Há, ainda, grande discussão sobre a forma correta de considerar mercados em plataforma, inexistindo consenso sobre a definição de cada ponta como um mercado autônomo ou de todas as pontas como mercado único (definição que tende a prevalecer)

---

[89] Segundo a Resolução nº 2, de 2012, do Cade, são enquadráveis no procedimento sumário as operações de baixa participação de mercado com sobreposição horizontal, em que o "controle de parcela do mercado relevante" resultante seja inferior a 20% (art. 8º, III) ou a 30% para sobreposição vertical (art. 8º, IV).

(BUNDESKARTELLAMT, 2016, p. 28). As próprias características dos mercados em plataforma permitem modelos de negócio diversos dos tradicionais, como a ausência de cobrança em uma das pontas (preço zero) e a maior atratividade da plataforma conforme o crescimento do número de usuários ("*bandwagon effects*" ou efeitos de banda).

Nesse cenário, o Cade aponta que efeitos de banda e preço zero, observáveis nos mercados em plataforma, impedem ou prejudicam a aplicação de testes econométricos tradicionais como teste do monopolista hipotético, *Small but Significant Nontransitory Increase in Prices* (SSNIP)[90] ou perda crítica (*critical loss analysis*), comumente empregados na definição de mercados relevantes (BRASIL, 2020, p. 19). Segundo a autoridade brasileira, as análises econômicas tradicionais tornam-se complexas na medida em que os agentes dos mercados digitais podem atuar em mais de um mercado por meio de mudanças nas funcionalidades de seus produtos. Tal discussão também tem reflexo na sobreposição horizontal de operações potencialmente enquadráveis na teoria das aquisições eliminatórias.

Holmström *et al.* (2019, p. 16) lembram que o cenário de sobreposição total entre agentes novos e incumbentes nos mercados digitais é praticamente impossível, justamente em razão dos efeitos de rede que favorecem as plataformas estabelecidas e dificultam a entrada nesses mercados. Nesse contexto, a estratégia de atuação dos novos agentes geralmente envolve nichos ou parcelas específicas do mercado em que seja possível conquistar massa crítica suficiente para se manter em atividade. Por consequência, eventual definição de mercado que desconsidere a existência desse nicho como um mercado autônomo resultará em níveis baixíssimos de concentração de mercado e, consequentemente, no não conhecimento da operação ou em seu enquadramento no rito sumário.[91]

Por outro lado, uma definição de mercado muito ampla pode acarretar o efeito de dependência de trajetória (*path dependence*) para a autoridade antitruste, que estaria vinculada a essa definição também

---

[90] "Em outras palavras, é avaliado se, diante de um aumento do preço de venda, outras empresas passam a ofertar o bem, no mesmo mercado geográfico em que atuam as requerentes. A análise da substitutibilidade pelo lado da oferta é a mesma feita na análise de barreiras à entrada (vide item 2.5.1), com algumas especificações: (i) a oferta deve ocorrer em menos de um ano e (ii) sem a necessidade de incorrer em custos irrecuperáveis". (BRASIL, 2016, p. 16).

[91] Ilustra essa situação o mercado de rede sociais (amplo) e o mercado de rede sociais de emprego (restrito). Caso seja considerada a participação do LinkedIn na definição ampla, ignorando-se a existência do nicho voltada para as relações profissionais, a concentração de mercado desse player será significativamente reduzida.

para investigar suspeitas de condutas abusivas pelo incumbente (que logicamente deteria menos poder de mercado nessa definição mais ampla) (HOLMSTRÖM *et al.*, 2019, p. 17).

Baseado na experiência alemã, Schweitzer *et al.* (*apud* HOLMSTRÖM *et al.*, 2019, p. 17) sugerem que a definição de mercado relevante deve levar em conta o potencial "reconhecível e substancial" do agente inovador se tornar um concorrente no médio prazo. Para tanto, um indicativo desse potencial seria o fato de "o concorrente adquirido atender a demanda idêntica ou similar àquela da empresa dominante, com base na definição de necessidades básicas do consumidor em vez de uma definição restrita dos mercados de serviços ou produtos". Certamente as dificuldades inerentes à classificação como "concorrente potencial", tratadas anteriormente,[92] estariam presentes nessa sugestão de abordagem.

Alternativamente à aplicação indistinta dessa abordagem ampla, seria possível oferecer parâmetros estruturais de análise aos agentes para que apenas as operações em mercados subjacentes fossem consideradas na "área de caça" (*killzone*) dos incumbentes. As áreas de caça à inovação seriam identificáveis a partir da observação de estratégias de compra recentes dos grandes agentes.

A terceira sugestão encontrada na doutrina é a de abandonar a necessidade de definição de mercado relevante para grandes agentes, de modo que o controle de estruturas mais exigente seja aplicável aos agentes com maior poder de mercado[93] (*big techs*), como sugerem as autoridades do México (2018) e da União Europeia (CRÉMER; DE MONTJOYE; SCHWEITZER, 2019). Essa linha é sugerida também por Stiglitz (2019, p. 55), que alerta para o grande poder de mercado exercido pelos gigantes da tecnologia, tornando necessária "total atenção" das autoridades concorrenciais. Segundo o autor, os mecanismos tradicionais de análise devem ser alterados "contra" esses agentes, além de ser necessária a criação de novos mecanismos para combater meios inovadores de exercício de poder de mercado.[94]

---

[92] Vide Capítulo 2, tópico 2.2.3.

[93] Vide a recomendação nº 8 do Furman Report (2019, p. 95) para a autoridade britânica: "*Digital companies that have been designated with a strategic market status should be required to make the CMA aware of all intended acquisitions*".

[94] "*Because of their market power, the tech giants deserve the full attention of the competition authorities, who will need not just to deploy standard tools against them, but will also have to create new tools to combat their innovative ways of extending and exercising market power. At the very least, as we noted earlier, we should consider breaking out WhatsApp and Instagram from Facebook. And we need to restrict the scope for conflicts of interests, such as arise when Google opens up its online store to compete with those who advertise on its platform*".

A doutrina aponta ainda para abordagens alternativas para solucionar os problemas de definição de mercado nesse cenário. Gilbert e Sunshine (1995, p. 595) sugeriram, na década de 1990, a elaboração do conceito de "mercados inovadores" para solucionar as dificuldades de definição de mercado relevante nessa seara. Para os autores, tal abordagem envolveria os seguintes passos: (i) a identificação da sobreposição dos investimentos em pesquisa e desenvolvimento das empresas envolvidas na operação; (ii) identificação de fontes alternativas de pesquisa e desenvolvimento; (iii) avaliação de concorrência atual e potencial de produtos em *downstream*; (iv) avaliação do aumento de concentração em pesquisa e desenvolvimento e os efeitos concorrenciais no investimento nessa área; e (v) avaliar as eficiências da operação para pesquisa e desenvolvimento.

No mesmo sentido a sugestão de Kern (2014, p. 32, 33), ao propor a reforma da abordagem antitruste em mercados inovadores, com etapas como identificação dos concorrentes relevantes, avaliação de incentivos e habilidades para investimento em inovação, avaliação dos benefícios da inovação sob o ponto de vista da teoria econômica além da visão neoclássica e, por fim, avaliação das eficiências da operação. Abordagem semelhante foi sugerida no âmbito da União Europeia, onde foram denominados "mercados do futuro" aqueles ligados à inovação (LANDMAN, 1999; LANG, 1996).[95]

De todo modo, além das dificuldades apontadas para definição de mercado no ambiente digital em função das características dos produtos e serviços ofertados, percebe-se que as principais finalidades da definição de mercado são voltadas a preocupações como preço e oferta, sem relação direta com os efeitos da operação na inovação. Nesse sentido, Katz e Shelanski (2006, p. 36) entendem que "se as formalidades da definição de mercado podem ser evitadas em favor da análise direta do dano em casos de monopolização e colusão", seria possível aplicar o mesmo entendimento no controle de estruturas, pois o dano é similar.

Nesse contexto, dois fatores pesam em favor da dispensa da etapa de definição de mercado relevante para proteção da inovação nos mercados digitais. O primeiro fator é a própria dificuldade em avaliar a substitubilidade do produto sob a ótica do consumidor, dado o comportamento dinâmico dos agentes e o caráter fugaz dos serviços nesse ambiente. O segundo fator leva em consideração que a definição de mercado relevante tem por objetivo principal avaliar o

---

[95] Para uma visão crítica a essa abordagem, vide (DAVIS, 2003).

nível de concentração de mercado por meio da participação de cada agente. Assim, diante da inexistência de consenso sobre qual cenário mais favorável para a inovação (se aquele monopolista, como sugere Schumpeter, ou o de maior número de competidores, como defende Arrow), a eventual resposta sobre o nível de participação de mercado não teria utilidade.

Mesmo o comportamento dos grandes agentes nos mercados digitais nos leva a conclusão similar: as operações dessas empresas seriam presumivelmente preocupantes a despeito do mercado em que fossem implementadas, justamente pelo grande poder de mercado exercido por um dos requerentes.[96]

Desse modo, em que pese existirem abordagens alternativas à tradicional definição de mercado relevante, com vistas a adequar a ferramenta aos mercados digitais, entendemos que eventual indefinição do mercado relevante não deve ser argumento para afastar a necessidade de avaliação de impactos das operações na inovação, especialmente em atos de concentração que envolvam grandes agentes. A sugestão de abordagem mais abrangente envolveria a presunção de risco concorrencial em operações envolvendo grandes agentes dos mercados digitais – definição que caberia à legislação ou à autoridade antitruste com base em evidências empíricas –, de modo que a definição de mercado relevante seria dispensável.[97]

Veja-se que tal conclusão não afasta a necessidade de aplicação dos critérios tradicionais de definição de mercado para aferição de parâmetros como preço e produção, uma vez que esses temas não são objeto do presente estudo. O argumento ora levantado apenas expõe que esse processo não é, ou não deve ser, obstáculo para que o controle de estruturas se preocupe com os potenciais danos à inovação oriundos de determinada operação.

---

[96] Esse argumento também é explorado no tópico 2.2.1, ao considerarmos necessário incluir as aquisições em conglomerado no escopo das aquisições eliminatórias.

[97] Nesse sentido, esclarecedor exemplo de Katz e Shelanski (2006, p. 42)): *"Consider two firms wishing to merge that have strong R&D capabilities in similar areas but are not at present significant product-market competitors with one another. From the standpoint of static price competition, presumptively no public policy rationale exists for blocking the merger. But if the firms are the only two or are among the few firms that have the capability to undertake particular innovation efforts, then the antitrust agencies might nonetheless be concerned with the consumer-welfare effects of the proposed merger. Antitrust enforcers might be concerned either that: (a) the two firms would have otherwise engaged in competing R&D efforts that would have led to their becoming direct, product-market competitors, or (b) the merged firm will reduce its R&D and lower the probability that even one supplier brings out improved products or processes. The first of these concerns is ultimately about potential competition in the particular product market(s) at issue in the merger".*

3.2.2 Revisão do critério de notificação

A pergunta a ser respondida na definição da linha de corte das concentrações econômicas é "quais são os atos de concentração que provavelmente implicarão eliminação da concorrência em parte substancial do mercado relevante?". Na resposta a essa pergunta há, certamente, um componente de verificação empírica que deve ser oferecido por economistas. Contudo, a dinâmica concorrencial dos mercados digitais parece colocar em dúvida as premissas utilizadas na construção desse parâmetro, especialmente em relação ao critério de relevância da concorrência com base na participação de mercado.

Como apontado por Branderburger *et al.* (2017, p. 29), os critérios de notificação não existem isoladamente: eles restringem os esforços da autoridade antitruste para aqueles casos que potencialmente levantem preocupações concorrenciais e, portanto, "valem o custo e o atraso" de uma análise concorrencial. Assim, eventual revisão desses critérios deve levar em conta esses fatores.

Operações como a compra do Waze pelo Google por cerca de 1 bilhão de dólares em 2013 e do WhatsApp pelo Facebook por cerca de 19 bilhões de dólares em 2014 chamam a atenção por não terem sido objeto do escrutínio antitruste. Em ambos os casos, destaca-se ainda a potencial sobreposição horizontal entre produtos das empresas envolvidas (entre Google Maps e Waze no primeiro caso e entre Facebook Messenger e Whatsapp no segundo), o que poderia levar a preocupações concorrenciais mesmo sob a ótica neoclássica. A razão por trás desse cenário é justamente o critério de notificação por faturamento adotado nos Estados Unidos, previsto na Hart-Scott-Rodino (HSR) Act.

Cabe notar que tais casos, em tese, não se encaixariam na teoria das aquisições eliminatórias, pois os produtos adquiridos permaneceram disponíveis aos consumidores. Há quem observe (O'CONNOR, 2013), inclusive, a melhora na qualidade dos serviços oferecidos ao consumidor em determinadas hipóteses de aquisições de entrantes.[98] Entretanto, discute-se aqui o fato de operações tão relevantes não terem sequer sido analisadas pelas autoridades concorrenciais, especialmente para que se avaliasse os potenciais efeitos para o mercado e os produtos em desenvolvimento. Exemplos tão evidentes levantaram discussões sobre eventual necessidade de adequação do critério de notificação por faturamento, para abranger operações dessa natureza.

---

[98] *"Sometimes, new entrants or startups are actually more of a pro-competitive force if they acquired by a major company and integrated into their platform and products (Apple's acquisition of Siri and Google's acquisition of Android being recent examples of this)".*

O escrutínio antitruste mais agressivo nas fusões e aquisições dos mercados digitais foi apontado pelo relatório do Stigler Center (2019, p. 12) como potencial solução para o exercício abusivo de poder de mercado das *big techs*. As conclusões do relatório destacam que, em mercados com tendência à monopolização, o erro na aprovação de uma operação pode condenar a indústria ao monopólio. No caso dos mercados digitais, vemos que, em muitos casos, nem mesmo a oportunidade de errar é dada às autoridades antitruste, uma vez que tais operações não se enquadram nos critérios de notificação obrigatória.[99]

Tal situação ocorre porque, tendo em vista o estágio inicial das empresas que são adquiridas, os casos de aquisições eliminatórias, em regra, envolvem baixos faturamentos (presumivelmente, segundo critérios vigentes, com menor risco concorrencial). Nesse cenário, caso a teoria das aquisições eliminatórias seja, de fato, amplamente aplicável a todos os mercados, discute-se ainda a conveniência e oportunidade de alteração dos critérios de notificação antitruste como solução aos potenciais efeitos concorrenciais negativos oriundos da conduta. A alteração dos critérios de notificação para ampliar a abrangência do controle de estruturas, ou mesmo para direcioná-lo às operações de firmas dominantes, insere-se também no contexto de ferramentas do antitruste para promover o processo competitivo como um todo, conforme observado no tópico 1.2.

No âmbito dos debates sobre concorrência em inovação, diversos modelos alternativos surgem como candidatos à revisão complementar ou suplementar o critério de faturamento. Além da simples redução nominal do faturamento ou retirada do critério de faturamento de um dos lados, cogita-se ainda a possibilidade de notificação obrigatória com base (i) no valor da compra; (ii) na natureza do(s) mercado(s) envolvido(s); (iii) nas características do incumbente (e.g., *big techs*) ou da empresa-alvo (*startups*, *fintechs*, *healthtechs*, entre outros).

---

[99] *DPs [digital platforms] acquired hundreds of companies over the past years, most without facing any scrutiny from antitrust regulators. In traditional markets, the cost of delaying an intervention might be limited. In a market with strong tendencies toward monopolization, a mistake in the approval of a merger can condemn an industry to a monopoly. If you add the political power of these monopolies, the mistake become irreversible. Therefore, we need to change the threshold for merger review in markets where DPs operate, basing it on transaction value or some other criteria that allows regulators to scrutinize transactions between DPs and startups – simply focusing on turnover is not enough. In addition, when an acquisition involves a dominant platform, authorities should shift the burden of proof, requiring the company to prove that the acquisition will not harm competition*". (ZINGALES; LANCIERI. p. 12, 2019 – comentário entre chaves adicionado).

Na maioria das jurisdições (BRANDENBURGER; BREED; SCHÖNING, 2017, p. 28), como ocorre no Brasil, os critérios de notificação obrigatória de atos de concentração são dados unicamente com base no faturamento das empresas. Nas palavras da Conselheira da Comissão Europeia Margrethe Vestager (2016a), o problema com esse critério é que nem sempre o faturamento é o que torna uma empresa atrativa para aquisição. Segundo a conselheira, ao olhar apenas para o faturamento, as autoridades podem estar desconsiderando atos de concentração que deveriam ser revistos (VESTAGER, 2016b). A relação entre faturamento e atratividade da empresa é ainda mais questionável no mercado digital, no qual fatores como inovação e uso dados são também ativos de potencial interesse dos incumbentes.

Mesmo a ideia de que as concentrações econômicas propiciam presumivelmente ganhos sinérgicos de escala e escopo vem sendo questionada com base em evidências empíricas, como observam Ashenfelter e Hosken (2010) e Blonigen e Pierce (2016). Calixto Salomão Filho (2002, p. 129-130) atribui ao interesse jurídico-político a delimitação do critério identificador do poder de mercado para fins de submissão ao controle de estruturas.[100] Assim, a escolha sobre o percentual de participação "é mero elemento de identificação das situações que devem se sujeitar ao controle", mas não revela qual objetivo da norma que requer a definição do poder de mercado, tampouco a forma de manifestação desse poder.

No Brasil, o faturamento passou a ser o critério único de seleção aplicável após a entrada em vigor da Lei nº 12.529, de 2011. No modelo anterior, o critério de faturamento somava-se ao de participação de mercado, de modo que atos de concentração que resultassem em *market share* superior a 20% também seriam notificáveis.[101] Optou-se, assim, por um viés objetivo como regra, em nome de uma suposta segurança jurídica. Como exceção, o §7º do art. 88 da Lei nº 12.529, de 2011, prevê regra de revisão de ofício das operações que não se enquadrem no critério de notificação, até um ano após a data de consumação do ato – embora não haja registro de que o Cade tenha se valido desse dispositivo desde sua entrada em vigor.[102] Conforme se depreende da Tabela 1 acima, tais

---

[100] Hovenkamp e Shapiro (2018, p. 5) apontam dois ideais econômicos que sustentam a presunção estrutural no controle de concentrações: (i) que a eliminação de um concorrente em mercados concentrados potencialmente aumenta o poder de mercado; e (ii) barreiras de entrada significativas existem em mercados concentrados.

[101] Cf. art. 54 da revogada Lei nº 8.884, de 1990.

[102] Pesquisa realizada nos sistemas de buscas processuais (SEI) e na ferramenta Cade em números ao longo do presente estudo não identificaram a utilização do dispositivo para revisão de atos de concentração desde 2015. Segundo informações prestadas pelo Brasil à

critérios têm resultado em baixo número de concentrações notificadas em mercados digitais. De igual modo, a legislação americana estabelece o critério geral de notificação obrigatória com base no faturamento das empresas envolvidas e valor das operações, bem como permite às autoridades federais (Divisão Antitruste do *Departament of Justice* (DoJ) e o *Federal Trade Commission*) revisar as operações que não alcancem o critério de faturamento disposto na *Hart Scott Rodino (HSR) Act*, mas potencialmente levantem preocupações concorrenciais. Diferentemente do caso brasileiro, as autoridades norte-americanas se valem com mais frequência dessa prerrogativa para impugnarem atos de concentração não notificados por ausência dos requisitos de notificação: segundo a OCDE (2014a, p. 3), apenas entre 2009 e 2013, 73 investigações preliminares de concentrações não notificadas foram instauradas naquela jurisdição.

Portanto, as influências teóricas e econômicas que consolidaram a legislação e prática antitruste orientaram a formação de um sistema baseado no faturamento como parâmetro da atuação concorrencial preventiva. Os critérios tradicionalmente adotados, de faturamento ou participação de mercado, têm por racionalidade a suposta consolidação do agente em um dado mercado: aqueles que alcançaram determinada parcela do mercado estariam presumivelmente aptos a gerarem maior preocupação concorrencial. Entretanto, a lógica dos mercados digitais apresenta também obstáculos para aferição da participação de mercado de maneira tradicional.[103]

OCDE em relatório de 2014 a grupo de trabalho sobre investigações de atos de concentração não notificáveis, o art. 88, §7º, da Lei nº 12.529, de 2011, também não foi acionado entre a entrada em vigor da norma e o ano de 2014 (OECD, 2014b, p. 4).

[103] O relatório do Cade sobre mercados digitais destaca também a dificuldade relativa à aferição de participação de mercado nesse contexto: "alguns relatórios discutem como auferir participação de mercado em mercados online. Por exemplo, o relatório da Autorité de la Concurrence afirma que além de faturamento, diferentes métricas podem ser utilizadas para medir participação em mercados com preços zero. Estas incluem número de contas, número de usuários mensais e diários ativos, número de visitas para um website, número de usuários logados, número de vídeos que foram transferidos ou vistos na plataforma, número de buscas realizadas etc. O Relatório destaca como o tempo dispendido na plataforma pode ser a melhor métrica para muitos mercados. De forma similar, o relatório da CMA sobre mercados de propaganda online utiliza primordialmente o faturamento, número de buscas, número de page referrals, número de usuários e tempo gasto na plataforma como melhores métricas para auferir participação em determinados mercados. O relatório preparado pela consultoria LEAR para a CMA também destaca a preferência por dados de uso de plataformas versus dados de afiliação/membership. Por exemplo, para mercados de delivery de comida, dados de afiliação de restaurantes podem medir competição entre as plataformas (restaurantes são passivos), mas a competição no lado do usuário deve ser medida por uso" (BRASIL, 2020, p. 20).

A revisão do critério de faturamento parece ser a porta de entrada para a reforma do sistema de análise de concentrações em prol da proteção da inovação (e da proteção de dados) nos mercados digitais. Tal medida permitirá a análise de um número maior de casos nesses mercados – possibilitando melhor compreensão dos potenciais danos à concorrência provenientes dessas operações.

As possibilidades de revisão dos critérios de notificação prévia com base no faturamento envolvem a redução do valor mínimo de faturamento para ampliação das operações notificáveis ou a adição de um critério baseado no valor da compra. No Reino Unido, o Furman Report (2019, p. 94) recomendou a substituição do critério de faturamento pelo teste de compartilhamento de demanda (*share of supply test*),[104] no sentido de dar prioridade às operações de mercados digitais. Tal alternativa evitaria o aumento excessivo da carga de trabalho antitruste, embora sofra críticas por permitir certa discricionariedade à autoridade na definição de bens e serviços compartilhados.

Na experiência britânica, a legislação permite a aplicação do referido teste, que consiste na verificação se a operação: oferta ou adquire bens ou serviços determinados, e, no cenário pós-operação, irá ofertar ou adquirir 25% ou mais daqueles bens ou serviços, em todo o território nacional ou em parcela substancial dele, considerando que o resultado da operação é um incremento a essa participação. A dificuldade na aplicação desse critério é, novamente, a definição do mercado relevante de bens e serviços a ser considerado no ambiente digital, conforme abordamos no tópico anterior.

Por sua vez, a redução significativa do valor de notificação obrigatória, a ponto de abranger *startups* em estágio inicial de operação, enfrenta um ponto negativo relevante: levaria à necessidade de análise de inúmeros outros casos que não levantam as preocupações relativas à proteção da inovação. Assim, a autoridade antitruste poderia se ocupar indevidamente da análise de operações concorrencialmente irrelevantes, reduzindo a possibilidade de alocação de esforços em casos potencialmente anticompetitivos (HOLMSTRÖM *et al.*, 2019, p. 13).

---

[104] "*Under section 23, the 'share of supply test' is satisfied if the merger enterprises:* • *supply or acquire goods or services of a particular description; and* • *will after the merger collectively supply or acquire 25 per cent or more of those goods or services, in the UK as a whole or in a substantial part of it, provided that the merger results in an increment to that share. (...) The Act expressly allows the Authorities a wide discretion in describing the relevant goods or services, requiring only that, in relation to that description, the parties' share of supply or acquisition is 25 per cent or more*". COMPETITION AND MARKETS AUTHORITY, *Merger Assessment Guidelines* (CMA129), 2010, p. 17.

Em comparação à mera exclusão ou redução excessiva do critério de faturamento, a adição de um critério baseado no valor da compra parece ser o caminho menos oneroso para endereçar especificamente a questão das aquisições eliminatórias sem onerar excessivamente a autoridade, pois é objetivo, quantificável e cuja informação está disponível às partes. Contudo, tal modelo também não está imune a críticas. A definição do valor de compra a ser utilizado como critério demandaria ainda uma extensa análise empírica por parte do legislador ou agente regulador, bem como há dificuldade maior nos casos em que os negócios envolvem direito de preferência dos investidores e, por esse motivo, a transação acaba tendo um valor nominal reduzido (mas pode representar, no futuro, a aquisição de controle de uma *startup* bem-sucedida). Além disso, a definição de um valor adequado deve considerar a potencial redução de incentivo aos agentes para que invistam em novos negócios (Bradenburger *et al.*, p. 33).

A OCDE (2016) aponta ainda a potencial ausência de nexo de causalidade entre o valor da operação e o local de jurisdição onde a operação será avaliada (diferentemente do que ocorre com o critério de faturamento). A nosso ver, tal argumento não é suficiente para afastar a necessidade de análise da operação em todas as jurisdições que optarem por esse critério, pois foi justamente a ausência de faturamento no Brasil que afastou a necessidade de análise pelo Cade de casos que posteriormente geraram efeitos no Brasil, como a aquisição do Whatsapp pelo Facebook – situação semelhante ocorreu na Comissão Europeia, onde a operação só foi analisada por ter sido voluntariamente notificada pelas partes. Estados Unidos e México adotam o critério de valor da operação somado à necessidade de comprovação de efeitos locais do negócio, de modo a prevenir os efeitos de ausência de nexo causal apontado pela OCDE.

Alemanha e Áustria implementaram o modelo misto baseado também no valor da transação em 2017. Enquanto na Alemanha operações que envolvessem valores superiores a 400 milhões de euros passaram a ser de notificação obrigatória, o valor de referência estabelecido na Áustria foi de 200 milhões de euros. A alteração no critério não levou ao aumento significativo no número de casos notificados: de junho de 2017 a dezembro de 2018, 10 casos foram notificados com base no valor da operação na Alemanha e aprovados sem restrições, além de 20 consultas sobre casos que acabaram não notificados, frente ao total de 1200 operações notificadas. Na Áustria, um ano após a alteração do critério, 13 operações foram notificadas com base nesse critério, em um universo total de 400 operações analisadas no período (MACLENNAN; KUHN; WIENKE, 2019).

Outra possibilidade seria tornar obrigatória a notificação de atos de concentração de agentes econômicos relevantes, como as *big techs*, adotando uma espécie de presunção geral de potencial anticompetitivo das aquisições. Esse caminho foi adotado na União Europeia por meio da Lei dos Mercados Digitais (LMD), que estabelece critérios objetivos para definir o conceito de grandes plataformas, como detenção de posição dominante, "forte posição de intermediação" e ocupação atual ou potencial de posição "sólida e duradoura" no respectivo mercado.[105] Críticos a essa abordagem consideram que a notificação obrigatória por *big techs* representaria a imposição de um custo a agentes que, teoricamente, foram mais eficientes e alcançaram tal posição de mercado. Todavia, a própria definição do critério de notificação acaba por impor a algumas operações um ônus que não é imposto a outras, de modo que não haveria violação à isonomia sob esse aspecto.

Por fim, definição mais ampla, que obrigasse a notificação de operações nos mercados digitais como um todo, embora não seja descartada, esbarraria nas dificuldades apontadas no tópico anterior acerca da definição de mercado relevante.

Tem-se, portanto, apresentado diversas alternativas aos critérios tradicionais de notificação de operações, alguns deles com experiências bem-sucedidas no exterior. A análise do caso brasileiro indica a subnotificação de casos dessa natureza, sendo recomendável a evolução das discussões no sentido de aperfeiçoamento desse parâmetro.

3.2.3 Alterações no ônus da prova

A discussão sobre eventual necessidade de alteração na distribuição do ônus da prova no processo antitruste ressurge de tempos em tempos, juntamente aos debates sobre os objetivos do Direito Antitruste. Em 1990, período de pouca intervenção antitruste por influência dos teóricos de Chicago, o Tribunal de Apelações de Washington D.C. julgou o caso *United States v. Baker Hughes, Inc.*[106] e decidiu que o ônus da prova

---

[105] Vide: COMISSÃO EUROPEIA. *Lei dos Mercados Digitais:* garantir mercados digitais equitativos e abertos. 15 dez. 2020. Disponível em: https://ec.europa.eu/info/strategy/priorities-2019-2024/europe-fit-digital-age/digital-markets-act-ensuring-fair-and-open-digital-markets_pt#como-tenciona-a-comisso-garantir-que-a-ferramenta-acompanhe-a-rpida-evoluo-do-setor-digital. Acesso em: 11 fev. 2020.

[106] (908 F.2d 981 [D.D. Cir. 1990]).

em casos de concentração dependeria da apresentação, pelo Estado, de evidências de potencial anticompetitivo da operação, além do *market share* das empresas envolvidas. Tal decisão representou uma ruptura no modelo de distribuição do ônus firmado pelo judiciário norte-americano na década de 1960, ainda sob a influência estruturalista de Harvard.[107]

Com o crescimento dos mercados digitais e das concentrações nesses mercados, questionamentos sobre o ônus da prova nesses casos são novamente levantados por juristas e economistas. Durante palestra em 2018 à Comissão Europeia, o economista francês Jean Tirole levantou a seguinte pergunta: "a compra do Instagram e do WhatsApp pelo Facebook reduziu a concorrência? Minha intuição diz que sim, mas sou capaz de provar? Não, e não há forma de provar, pois não temos qualquer dado a respeito" (TIROLE, 2018). Segundo o autor, a dificuldade em provar o dano ao processo competitivo decorrente dessas transações está no fato de o ônus da prova ser da autoridade antitruste.

No âmbito das discussões sobre concorrência nos mercados digitais, são recorrentes os autores que apontam para a eventual necessidade de revisão de critérios de distribuição do ônus da prova nos casos em que os agentes possuam grande poder de mercado (como *big techs*) ou em casos de maior complexidade (vide CRÉMER; DE MONTJOYE; SCHWEITZER, 2019; HOVENKAMP; SHAPIRO, 2018; LITAN, 2016). O argumento em prol dessa mudança está ligado ao próprio caráter preventivo do controle de concentrações, no qual o rigor com a comprovação dos efeitos benéficos da operação deveria incidir sobre mercados e agentes que tradicionalmente levantem maior preocupação concorrencial.

Nesse contexto, especialmente considerando mercados em que os agentes dominantes conquistaram suas posições por meio de estratégias concorrenciais agressivas – muitas vezes por intermédio do uso massivo de dados em períodos sem regulamentação específica que registrasse abusos –, a eventual adoção de nova metodologia de análise de concentrações quanto ao ônus da prova não deve ser descartada.

No entanto, a dificuldade em aferição de dados empíricos nos mercados digitais é obstáculo para que sejam discutidas mudanças

---

[107] *"Perhaps most important, the court of appeals in United States v. Baker Hughes, Inc. (908 F.2d 981 [D.C. Cir. 1990]), with a panel including future Supreme Court justices Clarence Thomas and Ruth Ginsburg, ruled that the defendant's burden of proof in a merger case depends on whether the plaintiff relies solely on market share data or provides further evidence of likely anti-competitive effects. (...) During this era, it is clear that the courts, under the Chicago School's influence, were trimming back antitrust doctrine".* (KOVACIC; SHAPIRO, 2000, p. 54)

nos critérios de análise antitruste. Nesse cenário, simplesmente impor aos requerentes o ônus de apresentação de dados atualizados e verdadeiros sobre investimentos em inovação pode ser insuficiente para revelar potencial risco concorrencial da operação. Ilustrativamente, ao analisarem os efeitos da integração entre Facebook e Instagram, Li e Argawal (2017) concluíram pelo aumento de demanda geral por aplicativos de compartilhamento de imagens, o que seria, segundo o estudo, indicativo empírico de que a operação gerou efeitos positivos. Vê-se, nesse caso, que o parâmetro considerado pelos autores (demanda geral por aplicativos) resultou na conclusão de que a operação seria economicamente positiva. Assim, a eventual redistribuição do ônus da prova exige, por parte da autoridade, clareza na definição de elementos para mensuração do risco à inovação, tanto para que os agentes requerentes saibam o que devem demonstrar à autoridade, quanto para que as informações solicitadas sirvam, de fato, à avaliação do potencial eliminatório da operação.

É necessário considerar, ainda, que efeitos das operações podem deixar de ser avaliados quando há insuficiência de informações recebidas pela autoridade antitruste. A título de exemplo, relatório do Stigler Center sobre mercados digitais destaca as conclusões de Dina Srinivasan (2019, p. 23) sobre o comportamento mais agressivo do Facebook na obtenção de dados pessoais após a redução da competitividade do MySpace.[108] Nesse contexto, em conjunto com a redistribuição do ônus, a abordagem antitruste de instrução dos atos de concentração deve também compreender as circunstâncias fáticas que alteram o ambiente concorrencial digital.

Críticos à alteração do ônus da prova em face de grandes agentes apontam questões como a dificuldade em definir um recorte aos casos que estarão sujeitos à "inversão" ou aplicação mais rígida do ônus da prova. Seriam agentes de setores específicos, como mercados digitais ou farmacêuticos? Mesmo no mercado digital, há claras dificuldades em definirmos o mercado relevante, conforme visto anteriormente.[109] Ainda, deve a mudança ser limitada a agentes dominantes? Se sim, qual critério de dominância? Na outra ponta, como definir quem seriam os

---

[108] "*By 2014, competitors had exited the market, Google's competitive offering Orkut shut down, and Facebook's monopoly was complete due to the exit of competition combined with the protection of the barrier to entry that results from a product with over a billion users on a closed communications network. Subsequently, in 2014, Facebook leveraged its market power in a consolidated market to successfully degrade privacy to levels unsustainable in the earlier competitive market when market participants were subject to consumer privacy demands*".

[109] Vide seção IV.2.1 acerca da 3.2.1 Definição de mercado relevante.

agentes nascentes que representam potencial concorrência ou benefício ao consumidor? Os questionamentos alcançam ainda a possibilidade de que o agente não tenha dados para se desincumbir do ônus que lhe foi atribuído – situação que fatalmente levaria à reprovação da operação. Finalmente, tendo em vista a intenção dos agentes em concretizar os negócios, as projeções de sucesso poderiam ser excessivamente otimistas, o que distorceria a análise antitruste (MACLENNAN; KUHN; WIENKE, 2019).

Sob a ótica jurídico-positiva, o controle de estruturas, enquanto exercício da atividade preventiva estatal de limitação à livre-iniciativa, não se inclui no contexto do Direito Administrativo Sancionador para que seja tecnicamente possível se falar "ônus" da prova de um dos lados, trata-se de um procedimento administrativo de efeitos declaratórios. Ainda assim, o processo de análise dos atos de concentração é implementado por meio do processo administrativo, de modo que são aplicáveis, no que couber, a legislação regente sobre o tema.

Nesse contexto, embora não haja propriamente interesses jurídicos contrapostos, mas meramente a tentativa de obtenção de autorização estatal para consumação da operação, os requerentes se incumbem de provar as informações que ensejam a aprovação do negócio. O art. 53 da Lei nº 12.529/2011 dispõe que o pedido de aprovação de atos de concentração deve ser "instruído com as informações e documentos indispensáveis à instauração do processo administrativo". Igualmente, o art. 11 da norma atribui aos Conselheiros do Tribunal a competência de solicitar "a seu critério" a produção de provas que entenderem pertinentes nos autos do processo administrativo.

Na prática, o processo de aprovação do ato de concentração envolve a análise de informações prestadas pelos requerentes, pela autoridade antitruste, do potencial anticompetitivo da operação em caso de aprovação e, se for o caso, das eficiências apresentadas pelos agentes que compensem eventuais preocupações concorrenciais identificadas. Como não há lide, mesmo no âmbito administrativo, podem surgir questionamentos quanto ao uso do termo "ônus da prova" nesse contexto.

O Cade utiliza o termo "ônus da prova" em processos de controle de estruturas inclusive no Guia H, ao tratar da *failing firm defence*[110]

---

[110] "Igualmente, aqui, o requisito de efeitos líquidos não negativos deve ser preenchido. É dizer que o Cade deve concluir que os efeitos antitrustes decorrentes da reprovação da operação (e da, acredita-se, provável falência da empresa) seriam piores que a concentração gerada pela operação. O ônus da prova da existência desses elementos recai sobre as requerentes".

(BRASIL, 2016, p. 55). Referido entendimento foi levantado como argumento pela Superintendência-Geral em ao menos dois precedentes.[111] Assim, embora o contexto não seja idêntico ao encontrado no direito processual – civil, penal ou administrativo sancionador –, o termo ônus da prova utilizado no contexto do controle de concentrações faz referência ao dever de prestar informações verdadeiras à autoridade antitruste, em linha com a doutrina estrangeira sobre análise antitruste (HOVENKAMP; SHAPIRO, 2018).

As *Horizontal Merger Guidelines* (EUA, 2010) publicadas pelo FTC apontam que concentrações que resultem em aumento da posição dominante levam, em regra, à imposição do ônus da prova aos requerentes para que comprovem a existência de evidências persuasivas capazes de afastar a preocupação concorrencial presumida em decorrência da elevada concentração resultante. No contexto brasileiro, tal situação seria verificável nas hipóteses de concentração em que se alcança a etapa de análise de eficiências (i.e., há indícios de que a operação pode gerar concentração excessiva ou probabilidade de uso abusivo do poder de mercado adquirido).

Ainda, abordagem especificamente voltada para mitigar os potenciais efeitos das aquisições eliminatórias teria como foco ainda a aquisição de empresas nascentes,[112] estabelecendo-se como parâmetro o tempo de atuação da empresa-alvo naquele mercado em que a inovação foi desenvolvida, como sugerido por Hemphill e Wu (2020). Vê-se, portanto, que os debates teóricos indicam tanto a possibilidade de aplicação mais rígida da defesa de eficiência com foco no comprador (como as *big techs*) ou na empresa-alvo inovadora (genericamente referidas como *startups*).

Nesse contexto, as autoridades devem considerar elementos como documentos internos e, se possível, trocas de mensagens entre dirigentes que indiquem tal intenção. A título ilustrativo, o portal The Verve revelou troca de e-mails de 2012 entre o CEO do Facebook, Mark Zuckerberg, e o Diretor Financeiro da empresa, David Ebersman, sobre o objetivo da compra de empresas novas como o Instagram: "essas empresas são nascentes, mas as redes estão estabelecidas, as marcas

---

[111] Vide Parecer nº 22/2017/CGAA2/SGA1/SG (SEI 0414953), no AC nº 08700.004163/2017-32 (Grupo Petrotemex, S.A. de C.V. e Petróleo Brasileiro S.A.) e Nota Técnica nº 19/2017/DEE/CADE (SEI 0345833), no AC nº 08700.007553/2016-83, (Mataboi Alimentos Ltda., JBJ Agropecuária Ltda e outros).

[112] "*As we use the term, a nascent competitor is a firm whose innovation represents a serious, albeit not completely certain, future threat to an incumbent*". (HEMPHILL; WU, 2020, p. 5).

são significativas, e se elas crescerem em larga escala podem ser muito disruptivas pra gente". E completou: "estou curioso se dever ir atrás de uma ou duas delas".[113]

Outros indícios de intenção eliminatória apontadas por Hemphill e Wu (2020, p. 4) são o valor excessivamente alto da operação ou um padrão de aquisição de novas empresas por parte do interessado. No mesmo sentido, relatório da OCDE sobre *killer acqusitions* sugere que operações que indiquem redução de competitividade em mercados já pouco competitivos devem ser "profundamente avaliados" pelas autoridades antitruste (OECD, 2020a, p. 24). Por fim, dados relativos a investimentos em pesquisa e desenvolvimento de novos projetos, bem como a existência ou não de outros investidores interessados na empresa-alvo são elementos de prova que podem ser exigidos pela autoridade antitruste com vistas a identificar o viés eliminatório da operação.

Portanto, a alteração do ônus da prova para casos de potencial aquisição eliminatória seria uma alternativa de abordagem antitruste a ser inserido no rol de presunções estruturais. Para tanto, Litan (2016, p. 6) sugere duas abordagens possíveis: a redução dos critérios definidores de casos concorrencialmente sensíveis (como abordado no tópico anterior, de revisão do critério de notificação) ou a imposição de um ônus da prova de eficiência maior nesses casos, com aplicação do padrão de prova "claro e convincente" (*clear and convincing*) da teoria processual norte-americana.[114]

Destacamos que as abordagens sugeridas por Litan não são excludentes, ao contrário: para que um padrão mais rígido de análise de eficiência seja aplicável a determinados casos, como os de potencial aplicação da teoria das aquisições eliminatórias, é necessário que antes tais casos sejam notificados à autoridade antitruste (o que demanda a revisão dos critérios de notificação).

---

[113] NEWTON, C.; PATEL, N. 'Instagram can hurt us': Mark Zuckerberg e-mails outline plan to neutralize competitors. *The verge*, 29 jul. 2020. Disponível em: https://www.theverge.com/2020/7/29/21345723/facebook-instagram-documents-emails-mark-zuckerberg-kevin-systrom-hearing. Acesso em: 12 nov. 2020.

[114] "*Clear and convincing proof means that the evidence presented by a party during the trial is more highly probable to be true than not and the jury or judge has a firm belief or conviction in it. A greater degree of believability must be met than the common standard of proof in civil actions, preponderance of the evidence, which requires that the facts more likely than not prove the issue for which they are asserted. The standard of clear and convincing proof - also known as "clear na convinvig evidence clear, convincing and satisfactory"; clear, cognizant and convincing*" (...) *is applied only in particular cases, primarily those involving na equitable remedy, such as reformation of a deed or contract for mistake*". LEHMAN, Jeffrey, PHELPS, Shirelle. *West's Encyclopedia of American Law*, 2. ed. v. 2. Michigan: Thomson Gale. 2004.

Por fim, é importante ressaltar novamente que a proposta de redistribuição do ônus da prova para casos de potencial aquisição eliminatória não ignora os obstáculos na definição de parâmetros adequados para identificação do risco à inovação. Isso porque, como visto anteriormente, a caracterização do dano passa pela intenção da empresa incumbente em eliminar a inovação – fato de difícil comprovação na prática. Justamente por esse motivo, o presente tópico buscou contribuir à prática antitruste com possibilidades de abordagem que agreguem ao controle de estruturas a possibilidade de promover a inovação.

3.2.4 Possibilidade de submissão de ofício da operação não notificada

Conforme apontado no Capítulo 1 deste livro, a legislação concorrencial vigente no Brasil permite a revisão posterior dos atos de concentração que não se encaixem no critério de notificação obrigatória por faturamento (art. 88, §7º, da Lei nº 12.529/2011).[115] Essa seria uma solução viável para implementação de um *enforcement* antitruste com viés pró-inovação, sem necessária oneração excessiva da autoridade regulatória para investigar um grande número de casos que não se enquadrem na regra geral (e objetiva) da legislação.

Para que isso ocorra, contudo, é necessário que haja mudança nos procedimentos usualmente adotados pela autoridade concorrencial, uma vez que o dispositivo de revisão previsto em legislação jamais foi utilizado desde a entrada em vigor da nova lei, em 2012.[116] Seria necessário, ainda, que fossem traçados parâmetros de casos passíveis de revisão por força da teoria da aquisição eliminatória, de modo que os agentes de mercado possam ter segurança e previsibilidade acerca dos riscos da operação ser revertida pela autoridade antitruste posteriormente.

Por outro lado, não se pode desconsiderar que a aplicação da cláusula de revisão é opção residual do legislador, uma vez que a escolha por um controle prévio foi uma das grandes alterações implementadas pela entrada em vigor da Lei nº 12.529/2011. Por ocasião da aprovação da Lei de Defesa da Concorrência vigente, ao estabelecer o critério de controle prévio, o Brasil caminhou no sentido de jurisdições

---

[115] Art. 88 (...) § 7º. É facultado ao Cade, no prazo de 1 (um) ano a contar da respectiva data de consumação, requerer a submissão dos atos de concentração que não se enquadrem no disposto neste artigo.
[116] Vide nota 112 supra.

como a norte-americana e a europeia (FRAZÃO, 2017, p. 124). Assim, embora seja possível cogitar a opção pelo controle posterior nos casos de operações que potencialmente se enquadrem na teoria das aquisições eliminatórias, tal cenário não parece ser mais adequado justamente por ir em sentido contrário à regra de controle prévio estabelecido pela legislação em vigor.

O controle prévio, diga-se, tem por fundamento justamente a possibilidade de manutenção do *status quo* anterior à operação sem maior prejuízo às empresas, ao processo competitivo e aos consumidores. Uma vez consumada a operação, eventual separação das empresas concentrantes posteriormente é inevitavelmente mais custoso. Nesse contexto, é recomendável a discussão pela autoridade antitruste da utilização desse dispositivo em casos futuros, com enfoque especial na aquisição de empresas nascentes e potencial intenção de eliminação da inovação, como solução paliativa para operações de grande repercussão econômica.

Vale lembrar, por fim, que o prazo decadencial de um ano para exercício dessa prerrogativa é impeditivo para que se cogite a aplicação prática em casos emblemáticos não notificados. No cenário norte-americano, o Federal Trade Commission solicitou informações às cinco grandes empresas de tecnologia, exigindo que elas forneçam informações sobre aquisições anteriores não notificadas às agências antitruste sob a Lei Hart-Scott-Rodino (HSR). Os pedidos exigem que a Alphabet Inc. (incluindo Google), Amazon.com, Apple Inc., Facebook Inc. e Microsoft Corp. forneçam informações e documentos sobre os termos, escopo, estrutura e finalidade das operações realizadas por cada empresa entre 1 de janeiro de 2010 e 31 de dezembro de 2019 (OECD, 2020a, p. 32).[117] Tal medida não poderia ser efetuada pela autoridade brasileira justamente em função do prazo de um ano estabelecido pela norma local.

Assim, a alternativa de submissão de ofício das operações preocupantes deve ser opção residual para as autoridades antitruste, uma vez que o ônus de requisição da notificação, nesse caso, é da própria agência. Na prática, a limitação de alcance do controle de estruturas

---

[117] A Comissão emitiu esses pedidos de acordo com a Seção 6 (b) da Lei da FTC, que autoriza a Comissão a realizar estudos abrangentes que não tenham um objetivo específico de aplicação da lei. Os pedidos ajudarão a FTC a aprofundar seu entendimento sobre a atividade de aquisição de grandes empresas de tecnologia, incluindo como essas empresas notificam suas transações para as agências federais antitruste e se as grandes empresas de tecnologia estão fazendo aquisições potencialmente anticoncorrenciais de concorrentes nascentes ou em potencial que não se enquadram nos parâmetros estabelecidos pela HSR.

permaneceria considerável, porém esse instrumento possibilitaria ao menos a revisão daquelas operações não notificadas pelos grandes agentes, que tendem a causar maiores preocupações concorrenciais pelos motivos já abordados ao longo desta obra.

3.2.5 Determinação de desfazimento da operação

A medida mais drástica no contexto do controle de concentrações seria a determinação de desmembramento da empresa resultante para retorno, se possível, do cenário anterior ao da aprovação da operação. O art. 91 da Lei brasileira de Defesa da Concorrência prevê a possibilidade de revisão de casos não conhecidos ou aprovados em três hipóteses: (i) se a decisão for baseada em informações falsas ou enganosas prestadas pelo interessado; (ii) se ocorrer o descumprimento de quaisquer das obrigações assumidas (remédios); ou (iii) não forem alcançados os benefícios visados.

Cabe destacar que a aplicação das hipóteses do art. 91 tem por pressuposto que a operação tenha sido objeto de análise pela autoridade antitruste. Assim, sem a revisão dos critérios de notificação, é impossível que seja aplicada qualquer hipótese de revisão do referido dispositivo à maior parte das aquisições eliminatórias, pois, como visto ao longo deste livro, tais concentrações usualmente envolvem agentes que não possuem faturamento suficiente para que o caso seja de notificação obrigatória.

Além disso, considerando os evidentes prejuízos às empresas envolvidas, bem como à autoridade antitruste função do custo do erro, essa opção deve ser adotada apenas em casos extremos e não deve ser cogitada como solução geral para os problemas aqui explorados. A aplicação cogitada dessa medida seria relativa aos casos já aprovados que eventualmente não comprovarem os benefícios econômicos apontados. Tal hipótese, frise-se, é possível apenas para os casos que foram objeto de análise antitruste e não se confundem com a hipótese de submissão de ofício prevista no art. 88, §7º, da Lei de Defesa da Concorrência e abordada anteriormente.

A potencial extensão dessa reanálise a outros mercados é indicada pelo próprio estudo de Cunningham *et al.*, ao apontarem cerca de 6% de aquisições eliminatórias nos mercados farmacêuticos. Tais casos representam, potencialmente, a privação dos consumidores a medicamentos ou tecnologias mais benéficas e que deixaram de ser objeto do escrutínio antitruste.

3.2.6 Remédios

Outra solução possível para mitigação dos efeitos da potencial aquisição eliminatória sem a medida extrema de reprovação da operação seria a adoção de remédios comportamentais ou estruturais pela autoridade antitruste. São denominados remédios as condições impostas pelas autoridades antitruste para aprovação condicional de uma operação. A imposição de remédios é considerada uma solução intermediária no exercício do controle de concentrações, uma vez que é a medida entre a reprovação total e a aprovação sem restrições da transação submetida ao escrutínio da autoridade.

Os remédios antitruste são tradicionalmente classificados como comportamentais – aqueles que impõem restrições aos direitos de propriedade das firmas, sem alterar alocação de direitos de propriedade – e estruturais – aqueles que alteram a alocação de direitos de propriedade (CABRAL, 2014, p. 20). Dentre as medidas estruturais possíveis estão a venda de ativos, a alienação de controle societário e a separação contábil ou jurídica das atividades. As medidas comportamentais são mais abrangentes e incluem "qualquer outro ato ou providência necessários para a eliminação dos efeitos nocivos à ordem econômica" (cf. art. 61, §2º, da Lei nº 12.529/2011).

O Cade lançou, em 2018, o Guia de Remédios Antitruste para orientar os agentes econômicos quanto aos casos de aplicação e as limitações para imposição de medidas dessa natureza. Segundo a autoridade

> Em todos esses casos, os remédios devem mitigar o potencial prejuízo ao ambiente concorrencial decorrente da operação, restaurando as condições de rivalidade e de entrada presentes no cenário pré-operação. Por sua vez, não é objetivo dos remédios corrigir problemas concorrenciais pré-existentes que não tenham sido gerados pelo AC.
> Cabe ainda ressaltar que, caso não seja encontrada uma solução, via remédio, capaz de sanar os potenciais prejuízos da operação ao ambiente concorrencial, a medida mais adequada é a reprovação da operação, com base na Lei nº 12.529/2011. (BRASIL, 2018, p. 10).

Embora não se desconsidere as dificuldades inerentes a esse tipo de solução, especialmente a forma de monitoramento adequado e o custo das medidas impostas aos agentes, tal medida pode representar alternativa menos interventiva diante dos problemas explorados ao longo deste livro.

Por outro lado, John Kwoka (2013) observa que, no cenário norte-americano, a imposição de remédios em operações problemáticas não foi capaz de evitar o aumento de preços no cenário pós-operação, sendo os remédios comportamentais significativamente menos efetivos que os de ordem estrutural. Assim, embora eventual medida obrigacional que determine a continuidade da oferta dos serviços ou produtos inovadores, bem como sua autonomia diante da empresa adquirente possa ser atrativa do ponto de vista dos agentes envolvidos, a experiência prática indica sua insuficiência para mitigar efeitos de preço e produção das concentrações.

A dificuldade relativa à imposição de remédios na economia digital decorre também das características desses mercados. A importância dos dados como ativos, por exemplo, dificulta que a imposição de medidas estruturais seja efetiva, uma vez que a empresa poderá manter acesso aos dados mesmo após eventual desinvestimento. Nesse cenário, as medidas comportamentais seriam recomendáveis, carecendo apenas de ajustes quanto ao prazo dos remédios em mercados com alta dinamicidade, de modo que as medidas não se tornem ineficazes em pouco tempo.

Além disso, conforme lição já mencionada de Kwoka (2013), a imposição de remédios em operações consideradas complexas não tem apresentado a efetividade esperada, especialmente quanto ao preço dos produtos. Nesse contexto, a imposição de remédios em casos de potencial aquisição eliminatória depende ainda de observação empírica quanto aos resultados desejados, com mais razão tendo em vista que o objeto da teoria é um elemento não precificável como a inovação.

Ressalte-se, ainda, que assim como a hipótese de desfazimento de notificação, a imposição de remédio pressupõe a notificação dos casos, de maneira que essa medida deve ser acompanhada de eventual revisão dos critérios de notificação. De todo modo, a opção pela imposição de remédios depende também dos ajustes prévios para que casos de aquisição eliminatória não escapem do escrutínio antitruste, conforme amplamente debatido nos tópicos anteriores.

3.2.7. Tempestividade

Outro ponto relevante para o controle de concentrações tradicional que merece atenção e possivelmente reforma para lidar com a aquisição eliminatória em mercados digitais são as métricas de tempestividade. O Cade utiliza o período de dois anos para avaliar as condições de entrada da nova empresa para contestar eventual poder de mercado existente (cf. Guia de Atos de Concentração Horizontal, p. 32). O Guia considera que

> Se o tempo de ingresso da firma no mercado for mais longo que dois anos, considera-se que essa potencial entrada não contestará o exercício de poder de mercado das empresas fusionadas de modo rápido o suficiente (*idem*).

No entanto, o tempo necessário para que uma empresa atinja escala de massa nos mercados digitais pode – e usualmente é (cf. OECD, 2020a, p. 16) – superior a esse período, de modo que os testes tradicionais podem falhar em identificar o prazo que os agentes levam para adquirir capacidade competitiva nesse cenário. Além disso, conforme destacado em relatório da OCDE, a inovação que ocorre antes da entrada no mercado (produto ainda em desenvolvimento) não deixa de ter potencial relevância concorrencial e deve ser levada em conta pelas autoridades na avaliação das operações. Para tanto, como sugerido no tópico 3.2.3, os requerentes deveriam ser obrigados a informar gastos com pesquisa e desenvolvimento, bem como o estágio de cada produto eventualmente desenvolvido.

Em mercados de rígido sistema regulatório – como o farmacêutico – a reforma desse parâmetro é ainda mais simples, pois os produtos em desenvolvimento usualmente já estão sob análise regulatória e a identificação do estágio da inovação pode ser aferido. Para ilustrar a necessidade de revisão dos parâmetros de tempestividade, a OCDE (2020a) destaca casos controversos como a aquisição do Waze pelo Google, ou de Instagram e Whatsapp pelo Facebook, cujos impactos são sentidos em períodos muito maiores que os usualmente considerados pelas autoridades antitruste para fins de controle de estruturas.

Nesse contexto, vale lembrar ainda que o curto período considerado pelas autoridades tem como premissa os parâmetros de preço e produção defendidos pela Escola de Chicago, o que demonstra novamente a insuficiência dessa teoria para fins de proteção da inovação por meio do Direito Antitruste.

3.3 Conclusões do tópico

O presente tópico abordou as aquisições eliminatórias como teoria do dano à concorrência, bem como formas de atuação da autoridade antitruste diante dessa estratégica dos agentes de mercado.

Quanto à caracterização do fenômeno enquanto teoria do dano, o marco teórico apresentado por Zenger e Walker (2012), destaca a construção de uma teoria do dano capaz de orientar os agentes de mercado e autoridades a lidarem com a análise de operações potencialmente enquadráveis na hipótese de eliminação da inovação.

Em seguida, exploramos prognósticos específicos de atuação das autoridades antitruste nesse cenário, considerando tanto instrumentos normativos existentes quanto a necessidade de reforma em alguns institutos. Nesse contexto, como visto, a própria noção clássica de mercado relevante pode representar um obstáculo à identificação das aquisições eliminatórias, diante da complementariedade e interseção entre mercados distintos no ambiente digital.

Além disso, os critérios tradicionais de notificação de operação parecem ser o primeiro obstáculo para que tais casos sejam, de fato, analisados de maneira prévia pelas autoridades competentes. A ampliação desse critério, com vistas a mitigar as preocupações concorrenciais decorrentes das estratégias aquisitivas de grandes agentes dos mercados digitais (*big techs*) é medida desejável. Nesse sentido, lembramos que a experiência internacional aponta alternativas viáveis sem que se onere excessivamente os agentes encarregados de analisar tais operações.

Contudo, conforme destacado no relatório do Stigler Center sobre plataformas digitais (2019, p.16), a reforma da política antitruste pode ser insuficiente para correção do problema se poucas opções permanecerem disponíveis ao consumidor. Nesse contexto, a característica de concorrência pelos mercados (*winner-takes-all*) desse ambiente pode mitigar os efeitos dos esforços ora apontados. Assim, os esforços aqui explorados no âmbito do controle de estruturas devem ser somados a outras iniciativas regulatórias direcionadas a solucionar questões como privacidade, uso de dados e liberdade de expressão.

Quanto às mudanças processuais de análise das informações, as alterações do ônus probatório em casos complexos, bem como a definição de parâmetros comportamentais dos agentes são medidas de crescente aderência na doutrina antitruste. Merece destaque ainda a prescindibilidade da etapa de definição de mercado relevante no contexto da teoria das aquisições eliminatórias, seja em função das dificuldades relativas à delimitação desses mercados sob a ótica do produto e geográfica, bem como diante da persistência dos riscos à inovação mesmo quando as alterações em níveis de concentração de mercado são irrisórias.

Em linha com as conclusões da OCDE em seu relatório, sugere-se que seja considerado um prazo maior de efeitos da operação quanto a potencial entrada de um agente, haja vista a prática dos mercados digitais terem demonstrado efeitos concorrenciais relevantes em períodos superiores a dois anos.

Por fim, relativamente aos instrumentos já existentes na legislação para lidar com o fenômeno das aquisições eliminatórias, a hipótese de submissão de ofício (art. 88, §7º), revisão das operações (art. 91, *caput*, da Lei nº 12529/2011) e a imposição de remédios são alternativas de abordagem sem necessidade de reforma da legislação, mas que esbarram em problemas como a ausência de operações relevantes notificadas, onerosidade excessiva aos agentes sujeitos a tais medidas e curto prazo de análise previsto em legislação para enquadramento em tais hipóteses.

CONCLUSÕES

Dentre as preocupações concorrenciais potencializadas pela dinâmica dos mercados digitais, a proteção da inovação possui lugar de destaque. Isso porque as características dos mercados digitais, como efeitos de rede, de banda e tendência à monopolização, elevam a importância de novos entrantes no cenário competitivo. Embora não seja o único obstáculo ao pleno desenvolvimento da inovação nesses mercados, vimos que as concentrações econômicas podem ser instrumento de cerceamento da livre-concorrência em determinadas hipóteses. Certamente, a identificação de operações com viés eliminatório não é tarefa simples, sendo um dos objetivos deste estudo contribuir com esse debate de maneira teórica e prática.

O cenário de desigualdade competitiva enfrentado por empresas entrantes nos principais mercados digitais tem as *killer acquisitions* como um de seus efeitos – e não a causa. Nesse contexto, o presente estudo identificou a proteção do processo competitivo nos mercados digitais, por meio do Direito da Concorrência, como caminho adequado para a promoção e preservação da inovação. Paralelamente, processos inovadores catalisam a concorrência pelos mercados justamente por serem meio eficaz de contestabilidade da posição dominante.

No contexto dos crescentes debates acerca da necessidade de reforma na abordagem do Direito da Concorrência diante da dinâmica competitiva dos mercados digitais, diversos autores apontam para a importância da inovação nesse contexto. Para Tim Wu (2012, p. 3), sob a perspectiva da promoção da inovação, a exclusão de agentes – e não a combinação de preços – é o "mal supremo" a ser combatido pelo Direito Antitruste. Segundo a visão do autor, a eliminação de agentes inovadores é equivalente aos carteis do ponto de vista do dano à concorrência. No mesmo sentido, a observação de Carl Shapiro, em 2010, ao declarar que "no reino da análise de concentrações, efeitos na inovação podem ser muito mais importantes que efeitos de curto prazo sobre o preço".[118]

---

[118] Carl Shapiro, Deputy Assistant Att'y Gen., U.S. Dep't of Justice, Update from the Antitrust Division, Remarks at the Am. Bar Ass'n Section of Antitrust Law Fall Forum 29 (Nov. 18, 2010).

Conforme destaca a conselheira da Comissão Europeia Margrethe Vestager (2016a), a aquisição de rivais inovadores é uma das mais simples defesas contra a inovação. Por esse motivo, segundo a autora, as operações em mercados de alta tecnologia devem considerar, além dos efeitos de preço, também se a concentração resultante será ruim para a inovação.[119] Tais afirmações repercutem diretamente em relação à dimensão da inovação para concorrência (bem como da concorrência para a inovação). A nova perspectiva sobre a dimensão concorrencial da eliminação da inovação em mercados digitais, como visto ao longo deste livro, contribui para os debates acerca das reformas do Direito Antitruste nesse cenário.

A evidência empírica analisada indica, ao menos, omissão da autoridade antitruste em avaliar o potencial anticompetitivo dessa estratégia aquisitiva dos grandes agentes. Desse modo, profusão de concentrações econômicas por iniciativa de grandes empresas do setor digital exige um olhar mais atento de autoridades antitruste – bem como a disponibilização de ferramentas aptas para esse fim.

Sob essa ótica, diversas soluções podem ser exploradas mesmo sem eventual alteração do paradigma hegemônico de Chicago, em que o objetivo do Direito Antitruste seria o bem-estar do consumidor. Por outro lado, admitimos que o alargamento dos objetivos do antitruste pode ser benéfico para a promoção da inovação e ainda assim oferecer segurança jurídica e objetividade aos agentes de mercado. Nesse sentido, consideramos que a proteção da inovação e a defesa da concorrência apresentam relação simbiótica: ao passo que o maior número de agentes possibilita manutenção das chances de êxito de um bem inovador, o processo competitivo preservado garante que o agente inovador permaneça em um mercado livre de abusos, no qual mais agentes concorrerão pela inovação. Em outras palavras, inovação e concorrência são mutuamente promovidas quando protegidas por meio do Direito Antitruste.

Nesse contexto, a presente pesquisa buscou endereçar a questão ao elaborar definição para o fenômeno das aquisições eliminatórias (*killer acquisitions*) enquanto teoria do dano à concorrência, bem como examinou seus elementos caracterizadores, à luz da dinâmica concorrencial dos mercados digitais. Conforme observado, entende-se que a teoria do dano das aquisições eliminatórias abrange os atos de

---

[119] https://wayback.archive-it.org/12090/20191129204801/https://ec.europa.eu/commission/commissioners/2014-2019/vestager/announcements/competition-mother-invention_en.

concentração econômica cujo objetivo é eliminar ou restringir a inovação. É importante destacar que não há, em tese, obstáculos para que a definição ora sugerida seja aplicada a todos os mercados, mas eventual verificação prática dessa afirmação exigiria análise mais abrangente, que se distancia do objetivo da presente pesquisa.

O conceito sugerido nesta pesquisa teve como ponto de partida a pesquisa de Cunningham *et al.* nos mercados farmacêuticos, em que os autores analisaram a estratégia aquisitiva de empresas farmacêuticas com viés de eliminação de produtos concorrentes. Nessa medida, esta obra representa ampliação da proposta desses autores por abranger: (i) casos em que não há sobreposição horizontal – mesmo que potencial; e (ii) casos de concorrência atual, em que a inovação está completamente desenvolvida e em operação no mercado.

De início, considerando-se que a inovação é o objeto a ser protegido pela teoria das aquisições eliminatórias, a obra buscou investigar a compatibilidade do Direito Antitruste com a proteção da inovação. Assim, por meio da análise dos debates históricos acerca dos objetivos do antitruste, foi possível observar que a Escola de Chicago abrangeu, ao menos em tese, a inovação como objetivo a ser alçado indiretamente pelo Direito da Concorrência, apesar de pouca efetividade prática dessa premissa na análise antitruste. Em síntese, o cenário consolidado de controle de concentração nas jurisdições europeias, americana e brasileira tem por premissa a ideia de que as discussões sobre objetivos do antitruste já consideram a proteção da inovação abrangida nesse escopo. De todo modo, alterações instrumentais são necessárias para dar efetividade a esse objetivo.

Por outro lado, as teorias pós-Chicago assumem a postura de pluralidade de objetivos do Direito Antitruste, dentre os quais inclui-se a inovação. Assim, a mudança de paradigma não seria um fator essencial para proteção da inovação por meio do Direito Antitruste, porém a análise tradicional antitruste necessitaria de reformas para dar efetividade à proteção da concorrencial sob o paradigma de Chicago.

Para além das premissas teóricas do Direito Antitruste que abrangem a proteção da inovação, buscou-se ainda discutir se há teoria mais eficiente na busca por esse objetivo. Nesse contexto, observamos que a inovação pode surgir como resultado do processo competitivo, especialmente diante das características dos mercados digitais. Por meio da revisão bibliográfica do tema, identificou-se potencial insuficiência do sistema de patentes para esse fim, de modo que a opção por um paradigma antitruste voltado para a proteção das estruturas de mercado e do processo competitivo em si indica caminho mais efetivo na busca pela proteção da inovação – hipótese que necessita de observação prática.

Em seguida, após análise panorâmica do ordenamento jurídico concorrencial brasileiro, observou-se na legislação concorrencial vigente o comando – mesmo que implícito – de que a inovação é fator positivo no processo competitivo. A colonização implementada pelos ideais de Chicago, contudo, dificulta a aplicação prática dessas orientações normativas e distanciam o Direito Antitruste brasileiro da Constituição Federal. Desse modo, a proteção da inovação dependeria, em maior medida, de alterações funcionais do que teóricas.

Cabe destacar que a defesa de alterações no paradigma antitruste em prol da proteção da inovação – baseado em evidências teóricas e empíricas –, como faz o presente trabalho, não significa concluir que as grandes empresas de tecnologia são presumivelmente prejudiciais à concorrência ou mesmo que a proteção da inovação se esgote na reformulação da política de controle de estruturas. As conclusões ora alcançadas, restritas ao controle de estruturas e aos mercados mencionados, apontam para a possibilidade de aperfeiçoamento da aplicação do Direito Antitruste com o objetivo de proteger a inovação nesses mercados.

Além disso, considera-se a possibilidade de ajustes instrumentais darem à abordagem por meio do parâmetro de bem-estar do consumidor ferramentas para mensurar a importância da inovação mesmo sem alteração do paradigma neoclássico, como admitem os teóricos chamados neo-Chicago. Esse cenário, contudo, não prescinde de reformas para ser observado, uma vez que a prática atual demonstra ausência de avaliação dos impactos das concentrações econômicas nos processos de inovação, em especial nos mercados digitais.

Em síntese, o que se propõe com a construção de uma teoria do dano das aquisições eliminatórias é compatibilizar o *enforcement* antitruste com os mandamentos legais de proteção à inovação e, diante das especificidades dos mercados digitais e do grande poder de mercado dos grandes *players*, sugerir instrumentos às autoridades para que o controle prévio seja feito de maneira efetiva.

Observou-se que o cenário atual não permite sequer às autoridades identificar o potencial dano decorrente dessas operações, uma vez que comumente empresas nascentes não alcançam os critérios de notificação tradicionais para tanto.[120] Nesse contexto, não é possível falar em custo do erro da análise antitruste, pois tal análise não é realizada.

---

[120] Vide tópico 3.2.2.

Como visto, o critério de faturamento para notificação obrigatória dos atos de concentração é frequentemente apontado como elemento fundamental na suposta omissão do escrutínio antitruste em relação a tais aquisições eliminatórias. Ilustrativamente, os critérios vigentes na Europa e no Brasil fizeram com que a aquisição do WhatsApp pelo Facebook, por 19 bilhões de dólares, não fosse objeto de escrutínio antitruste nessas jurisdições.

A experiência internacional aponta alternativas viáveis sem que se onere excessivamente os agentes encarregados de analisar tais operações. Em resposta a esse caso, Alemanha e Áustria alteraram seus critérios de notificação para que operações semelhantes não deixassem de ser avaliadas pelas autoridades antitruste no futuro. Portanto, a alteração do critério de notificação, mesmo que eventualmente voltado exclusivamente às operações dos grandes agentes, é a porta de entrada para a reforma antitruste, pois permite que as autoridades analisem e obtenham dados sobre a dimensão concorrencial da questão.

Foi possível apontar, ainda, que as características dos mercados digitais potencializam preocupações decorrentes da eliminação de inovações, justamente pela importância da contestabilidade em mercados tendentes à monopolização. A eliminação de concorrente atual ou potencial representa, nessa medida, risco maior tanto ao bem-estar do consumidor quanto ao processo competitivo em si.

A preocupação com eventual abuso de posição dominante por determinados agentes fez surgir inclusive, no extremo, o debate sobre eventual cisão dessas empresas como medida extrema aplicável aos casos mais evidentes, especialmente no mercado norte-americano. No mesmo sentido, no âmbito das concentrações, o olhar sobre as estratégias aquisitivas desses agentes levanta preocupações sobre eventual insuficiência das ferramentas de análise tradicional para mensurar os impactos do cenário pós-operação, baseadas em exercício preditivos. O ajuste do modelo de atuação preventiva das autoridades antitruste para procedimento mais rigoroso face às *big techs* seria, nesse cenário, resposta menos interventiva e extrema que a proposta de cisão discutida por agentes públicos e acadêmicos.

Por fim, o último capítulo aborda as aquisições eliminatórias como teoria do dano à concorrência, bem como formas de atuação da autoridade antitruste diante dessa estratégica dos agentes de mercado. Nesse sentido, a pesquisa tem por objetivo oferecer às autoridades e estudiosos do Direito Antitruste caminhos para aplicação prática da teoria, de modo que as questões suscitadas ao longo do livro pudessem ser solucionadas na prática. Assim, exploramos prognósticos específicos de atuação das autoridades antitruste nesse cenário, considerando tanto instrumentos normativos existentes quanto a necessidade de reforma em alguns institutos. Primeiramente, a própria noção clássica de mercado relevante pode representar um obstáculo à identificação das aquisições eliminatórias, diante da complementariedade e interseção entre mercados distintos no ambiente digital.

Quanto às mudanças processuais de análise das informações, as alterações do ônus probatório em casos complexos dos mercados digitais, bem como a definição de parâmetros comportamentais dos agentes são medidas de crescente aderência na doutrina antitruste. A alteração da abordagem antitruste no controle de estruturas com foco exclusivo no mercado digital, como sugerida nesta obra, é medida condizente com as características desses mercados e com a evidência empírica disponível, especialmente a agressiva estratégia aquisitiva adotada por esses agentes.

Por fim, cabe lembrar que o consenso teórico explorado sobre proteção da inovação por meio do Direito Antitruste deve ser levado a efeito por legisladores e autoridades antitruste, tanto por meio de reformas instrumentais, algumas da quais sugeridas ao longo da presente análise, quanto por meio da elaboração de guias de análise que abranjam adequadamente a análise do impacto das operações sobre a inovação nos mercados.

REFERÊNCIAS

AGRAWAL, A.; JAFFE, J.; MANDELKER, G. The post merger perfomance of acquiring firms: a Re-Examination of an Anomaly, *Journal of Finance*, v. 47, n. 4, p. 1605-1621, 1992.

ARMSTRONG, Mark. Competition in two-sided markets. *The RAND Journal of Economics*. v. 37, n. 3, Autumn, p. 668-691, 2006.

ARROW, K. J. Economic Welfare and the Allocation of Resources for Invention. *Readings in Industrial Economics*, v. 1, p. 219-236, 1972.

BAIN, J. S. *Barriers to New Competition: Their Character and Consequences in Manufacturin Industries*. Cambridge, MA: Harvard University Press, 1956.

BAKER, J. B. Beyond Schumpeter vs. Arrow: How antitrust fosters innovation. *Antitrust Law Journal*, v. 74, n. 3, p. 575-602, 2007.

BANERJEE, A. V.; DUFLO, E. *Good Economics for Hard Times*: Better Answers to Our Biggest Problems. New York: PublicAffairs, 2019.

BLONIGEN, B. A.; PIERCE, J. R. Evidence For The Effects Of Mergers On Market Power And Efficiency. *Nber Working Paper Series Evidence*, n. 22750, out. 2016.

BORK, R. *The Antitrust Paradox: a policy at war with itself*. 4. ed. New York: Free Press, 1978.

BOURREAU, M.; STREEL, A. de. Digital Conglomerates and EU Competition Policy. *SSRN Electronic Journal*, jan. 2019.

BOUSHEY, H. *Unbound*: How Inequality Constricts Our Economy and What We Can Do about It. Cambridge, MA: Harvard University Press, 2020.

BRANDENBURGER, R.; BREED, L.; SCHÖNING, F. Merger Control Revisited: Are Antitrust Authorities Investigating the Right Deals? *Antitrust*, v. 14, n. 7, p. 28-36, 2017.

BRASIL. Conselho Administrativo de Defesa Econômica. *Guia Para Análise De Atos De Concentração Horizontal*, p. 1-43, 2016.

BRASIL. Conselho Administrativo de Defesa Econômica. *Guia de Remédios Antitruste*, p. 1-67, 2018.

BRASIL. Conselho Administrativo de Defesa Econômica. *Concorrência em mercados digitais*: uma revisão dos relatórios especializados. 2020. Disponível em: < https://cdn.cade.gov.br/Portal/centrais-de-conteudo/publicacoes/estudos-economicos/documentos-de-trabalho/2020/documento-de-trabalho-n05-2020-concorrencia-em-mercados-digitais-uma-revisao-dos-relatorios-especializados.pdf > Acesso em: fev. 2021.

BRYAN, K. A.; HOVENKAMP, E. Startup Acquisitions, Error Costs, and Antitrust Policy. *University of Chicago Law Review*. v. 741, p. 331-357, 2019. Disponível em: https://ssrn.com/abstract=3376966.

BUNDESKARTELLAMT. Working Paper: Market Power of platofmrs and networks (48). jun. 2016.

CABRAL, P. S. *Remédios antitruste em atos de concentração*: uma análise da prática do Cade. 2014. 105 f. Dissertação (Mestrado em Economia do setor Público) – Universidade de Brasília, Brasília, 2014. Disponível em: <https://repositorio.unb.br/bitstream/10482/17512/3/2014_Patr%c3%adciaSemensatoCabral.pdf>. Acesso em: 8 abr. 2022.

CALVANO, E.; POLO, M. Market power, competition and innovation in digital markets: A survey. *Information Economics and Policy*, p. 1-18, 2020. Disponível em: <https://doi.org/10.1016/j.infoecopol.2020.100853>. Acesso em: 8 abr. 2022.

CAMPILONGO, C. F. O Supremo Tribunal Federal e o CADE. *Portal Jota*, Publicado em 14 jul. 2020. Disponível em: <https://www.jota.info/opiniao-e-analise/artigos/o-supremo-tribunal-federal-e-o-cade-14072020>. Acesso em: fev. 2021.

CARLIN, T. M.; FINCH, N.; FORD, G. A Deal Too Far: The Case of the Killer Acquisition. *Mergers and Acquisitions*, p. 234-248, out. 2007.

CASTRO, B. B. de. *Eficiência e Rivalidade*: Alternativas para o Direito da concorrência nos países em desenvolvimento. 2017. 252 f. Tese (Doutorado em Direito) – Universidade Federal de Minas Gerais, Belo Horizonte, 2017.

CB Insights Visualizing Tech Giants' Billion-Dollar Acquisitions. *Visualizing Tech Giants' Billion-Dollar Acquisitions*, publicado em 5 maio 2020. Vide: https://www.cbinsights.com/research/tech-giants-billion-dollar-acquisitions-infographic/. Acesso em: jun. 2020.

CLARK, J. B. The Real Dangers of The Trusts. *The Century Illustrated Magazine*, p. 954-959, 1904.

CLARK, J. M. Toward a Concept of Workable Competition. *The American Economic Review*, v. 2, p. 241-256, 1940.

COHEN, Julie E.; LEMLEY, Mark A. Patent Scope and Innovation in the Software Industry. 89 *California Law Review*, v. 1, p. 7-16, 2001.

COMISIÓN FEDERAL DE COMPETENCIA ECONÓMICA (COFECE). Rethinking competition in the Digital Economy. *Competition Advocacy Studies*, fev. 2018.

COMISSÃO EUROPEIA. *Lei dos Mercados Digitais*: garantir mercados digitais equitativos e abertos. 15 dez. 2020. Disponível em: https://ec.europa.eu/info/strategy/priorities-2019-2024/europe-fit-digital-age/digital-markets-act-ensuring-fair-and-open-digital-markets_pt#como-tenciona-a-comisso-garantir-que-a-ferramenta-acompanhe-a-rpida-evoluo-do-setor-digital. Acesso em: 11 fev. 2020.

COMPETITION AND MARKETS AUTHORITY. *Merger Assesment Guidelines (CMA129)*. Publicado em setembro de 2010. Última atualização em março de 2021. Disponível em: https://www.gov.uk/government/publications/merger-assessment-guidelines. Acesso em: 30 abr. 2022.

CRÉMER, J.; DE MONTJOYE, Y.-A.; SCHWEITZER, H. Competition policy for the digital era: Final Report. *European Commission*. Bruxelas, 2019. Disponível em: < https://ec.europa.eu/competition/publications/reports/kd0419345enn.pdf>. Acesso em: 8 abr. 2022.

CUNNINGHAM, C.; EDERER, F.; MA, S. *Killer Aquisitions*. v. 44, n. 0, p. 1-73, 2018a.

CUNNINGHAM, C.; EDERER, F.; MA, S. *Killer Acquisitions*. v. 44, n. 0, p. 1-106, 2018b.

DAVIS, R. W. Innovation markets and merger enforcement: Current practice in perspective. *Antitrust Law Journal*, v. 71, n. 2, p. 677-703, 2003.

DELVIN, A.; JACOBS, M. Anticompetitive Innovation and the Quality of Invention. *Berkeley Technology Law Journal*, v. 27, n. 1, p. 3-53, 2012.

DINA SRINIVASAN. The Antitrust Case Against Facebook. *Berkeley Business Law Journal* v. 16, Issue 1. 2019.

EASTERBROOK, F. H. The limits of antitrust scholarship. *Texas Law Review*, v. 91, n. 5, p. 1165-1170, 2013.

EDLIN, A. S. et al. Activating Actavis. *SSRN Electronic Journal*, v. 28, n. 1, 2013.

EUA. Department of justice and federal trade commission: Horizontal Merger Guidelines. *Review of Industrial Organization*, v. 8, n. 2, p. 231-256, 2010.

FAYNE, K.; FOREMAN, K. To Catch a Killer: Could Enhanced Premerger Screening for "Killer Acquisitions" Hurt Competition? *Antitrust Magazine*, v. 34, ed. 2, 2020.

FEDERICO, G.; LANGUS, G.; VALLETTI, T. A simple model of mergers and innovation. *Economics Letters*, v. 157, p. 136-140, 2017.

FEDERICO, G.; MORTON, F. S.; SHAPIRO, C. Antitrust and innovation: Welcoming and protecting disruption. *NBER: Innovation Policy and the Economy*, v. 20, ed .1, p. 125-190, 2020.

SALOMÃO-FILHO, C. *Direito Concorrencial – As estruturas*. 2. ed. São Paulo: Malheiros, 2002.

FOX, E. M.; SULLIVAN, L. A. Antitrust – Retrospective and Prospective: Where Are We Coming From? Where Are We Going? *New York University Law Review*, v. 62, n. 5, p. 936, 1987.

FRANKS, J.; TITMAN, S. The post merger share price performance of acquiring firms. *Journal of Financial Economics*, v. 29, p. 81–96, 1991.

FRAZÃO, A. *Direito da concorrência*: pressupostos e perspectivas. 1. ed. São Paulo: SaraivaJur, 2017.

FRAZÃO, A. Um Direito Antitruste para o século XXI – Parte IV. *Portal Jota*, p. 1-11, 2020.

FTC. *FTC to Examine Past Acquisitions by Large Technology Companies*. 11 fev. 2020. Disponível em: https://www.ftc.gov/news-events/press-releases/2020/02/ftc-examine-past-acquisitions-large-technology-companieshttps://www.ftc.gov/news-events/press-releases/2020/02/ftc-examine-past-acquisitions-large-technology-companies. Acesso em: 13 jan. 2021.

FURMAN, J. et al. *Unlocking digital competition*: Report of the Digital Competition Expert Panel. Londres, 2019.

GAUTIER, A.; LAMESCH, J. Mergers in the Digital Economy. *CESifo Working Papers*, v. 8056, n. January, p. 1-34, 2020.

GILBERT, R. J. (UNIVERSIT. O. C. A. D.; SUNSHINE, S. C. (DOJ). Incorporating Dynamic Efficiency Concerns In Merger Analysis: The Use Of Innovation Markets. *Antitrust Law Journal*, v. 63, n. 2, p. 569-601, 1995.

GILBERT, R. J.; GREENE, H. Merging innovation into antitrust agency enforcement of the clayton act. *George Washington Law Review*, v. 83, n. 6, p. 1919-1947, 2015.

GREGORY SIDAK, J.; TEECE, D. J. Dynamic competition in antitrust law. *Journal of Competition Law and Economics*, v. 5, n. 4, p. 581-631, 2009.

GUTTERMAN, A. S. *Innovation and competition policy*. Cambridge: Kluwer Law International, 1997.

HEALY, P.; PALEPU, K.; RUBACK, R. Which takeover are profitable: strategic or financial. *Sloan Management Review*, v. 38, n. 4, p. 45-57, 1997.

HEMPHILL, C. S.; WU, T. Nascent Competitors. *University of Pennsylvania Law Review*, p. 37, 2020.

HOLMSTRÖM, M. et al. Killer Acquisitions? The Debate on Merger Control for Digital Markets. *SSRN Electronic Journal*, p. 609-626, abr. 2019.

HOVENKAMP, H. Post-Chicago Antitrust : a review and critique. *Colunia Business Law Review*, v. 2, p. 257-338, 2001.

HOVENKAMP, H. Antitrust and innovation: Where we are and where we should be going. *Antitrust Law Journal*, v. 77, n. 3, p. 749-756, 2011.

HOVENKAMP, H.; SHAPIRO, C. Horizontal mergers, market structure, and burdens of proof. *Yale Law Journal*, v. 127, n. 7, p. 1996-2025, 2018.

HURWITZ, J. et al. The Rise of Neo-Brandeisian Competition Policy: Populism and Political Power and the Threat to Economically Grounded, Evidence-Based Competition Law and Consumer Protection Regulation. FTC Hearings on Competition & Consumer Protection in the 21st Century. *International Center for Law & Economics*, n. P181201, ago. 2018.

INTERNATIONAL COMPETITION NETWORK. *Recommended Practices for Merger Notification and Review Procedures*. Maio 2017. Disponível em: https://www.internationalcompetitionnetwork.org/wp-content/uploads/2018/09/MWG_NPRecPractices2018.pdf. Acesso em: 30 abr. 2022.

JACOBS, M. S. An Essay on the Normative Foundations of Antitrust Economics. *North Carolina Law Review*, v. 74, n. 1, p. 219, 1995.

JASPER, E. H. Paradoxo Tropical: a finalidade do Direito da Concorrência no Brasil. *Revista de Defesa da Concorrência*, v. 7, n. 2, p. 171-189, 2019. Disponível em: < https://revista.cade.gov.br/index.php/revistadedefesadaconcorrencia/article/view/424>. Acesso em: 8 abr. 2022.

JENSEN, M.; RUBACK, S. The Market for Corporate Contron: the scientific evidence. *Journal of Financial Economics*, v. 11, p. 5-50, 1983.

JOSKOW, P. L. Vertical integration. *Antitrust Bulletin*, v. 545, n. 21, p. 545-586, 2010.

KATZ, M. Multisided Platforms, Big Data, and a Little Antitrust Policy. *Review of Industrial Organization*, v. 54, n. 4, 2019.

KATZ, M. SHAPIRO, C. System Competition and Network Effects. *The jornal of economics perspectives*, v. 8, n. 2, p. 93-115, 1994. Disponível em: http://faculty.haas.berkeley.edu/shapiro/systems.pdf. Acesso em: 28 maio 2020.

KATZ, M. L.; SHELANSKI, H. A. Mergers and innovation. *Antitrust Bulletin*, v. 64, n. 1, p. 31-53, 2006.

KERN, B. R. Innovation Markets, Future Markets, or Potential Competition: How Should Competition Authorities Account for Innovation Competition in Merger Reviews? *World Competition: Law and Economics Review*, v. 37, n. 2, p. 173-206, 2014.

KHAN, L. M. Amazon's antitrust paradox. *Yale Law Journal*, v. 126, n. 3, p. 710-805, 2017.

KHAN, L. M. FTC HEARING #3 DAY 3: MULTI-SIDED PLATFORMS, LABOR MARKETS, AND POTENTIAL COMPETITION, 2018, Virginia (EUA). *Competition and Consumer Protection in the 21st Century.* out. 2018.

KOVACIC, W. E. *Wayne Law Review*, v. 36, p. 1413, 1990.

KOVACIC, W. E.; SHAPIRO, C. Antitrust Policy: A Century of Economic and Legal Thinking. *Journal of Economic Perspectives*, v. 14, n. 1, p. 43-60, 2000.

KWOKA, J. Does Merger Control Work? A Retrospective on U.S. *Enforcement Actions and Merger Outcomes*, v. 3, n. 3, 2013.

KWOKA, J. *Controlling mergers and market power*: A program for reviving antitrust in America. 1. ed. Boston: Competition Policy International, 2020.

LANDMAN, L. B. Innovation and the Structure of Competition: Future Markets in European and American Law – Part III. *Journal of the Patent and Trademark Office Society*, v. 11, p. 838-883, 1999.

LANG, J. T. European Community Antitrust Law : Innovation Markets and High Technology Industries. *Fordham International Law Journal*, v. 20, n. 3, 1996.

LASKOWSKA, M. Introduction to the Analysis of Technological Progress in Merger Control. *SSRN Electronic Journal*, p. 48-67, 2013.

LEAR. *Ex-post Assessment of Merger Control Decisions in Digital Markets Final report (Lear-Report)*. 2019.

LEHMAN, Jeffrey, PH, Shirelle. *West's Encyclopedia of American Law*, 2. ed. v. 2. Michigan: Thomson Gale. 2004.

LEMLEY, M. A. Industry-Specific Antitrust Policy for Innovation. *Columbia Business Law Review*, v. 2011, n. 3, p. 637-653, 2011.

LI, Z.; AGARWAL, A. *Platform Integration and Demand Spillovers in Complementary Markets*: Evidence from Facebook's Integration of InstagramManagement science, 2017. Disponível em: <http://explore.bl.uk/primo_library/libweb/action/display.do?tabs=detailsTab&gathStatTab=true&ct=display&fn=search&doc=ETOCRN613380539&indx=1&recIds=ETO-CRN613380539>. Acesso em: 8 abr. 2022.

LIM, Y. Tech wars: return of the conglomerate throwback. *Wasafiri*, v. 21, n. 2, p. 88-101, 2006.

LITAN, R. E. Entrepreneurship, innovation, and antitrust. *Antitrust Bulletin*, v. 61, n. 4, p. 580-594, 2016.

LYNSKEY, O. Data-Driven Mergers. *Amsterdam University Press*, 2018.

MACLENNAN, J.; KUHN, I.; WIENKE, T. Innocent Until Proven Guilty – Five Things You Need to Know About Killer Acquisitions. *Informa Connect*, 3 maio 2019. Disponível em: <https://knect365.com/complaw-blog/article/1d971303-8cd7-445c-a782-4c8663dba362/innocent-until-proven-guilty-five-things-you-need-to-know-about-killer-acquisi-tions>. Acesso em: 8 abr. 2022.

MANNE, G. A. Invited Statement of Geoffrey A. Manne on House Judiciary Investigation Into Competition in Digital Markets: Correcting Common Misperceptions About the State of Antitrust Law and Enforcement. *Manne Statement – House Judiciary Investigation into Competition in Digital Markets*, Portland, 17 abr. 2020.

MERMELSTEIN, B. et al. Internal versus External Growth in Industries with Scale Economies: A Computational Model of Optimal Merger Policy. *Journal of Political Economy*, v. 128, n. 1, 2020.

MOSS, Diana. Depoimento. Competition in Digital Technology Markets: Examining Acquisitions of Nascent or Potential Competitors by Digital Platforms. *AAI – American Antitrust Institute*, 24 set. 2019. Disponível em: https://www.judiciary.senate.gov/imo/media/doc/Moss%20Testimony1.pdf. Acesso em: 10 abr. 2022.

NEVEN, D. J. *The analysis of conglomerate effects in EU merger control.* p. 47, 2005.

NEWTON, C.; PATEL, N. The Verve: 'Instagram can hurt us': Mark Zuckerberg e-mails outline plan to neutralize competitors. *The verge*, 29 jul. 2020. Disponível em: https://www.theverge.com/2020/7/29/21345723/facebook-instagram-documents-emails-mark-zuckerberg-kevin-systrom-hearinghttps://www.theverge.com/2020/7/29/21345723/facebook-instagram-documents-emails-mark-zuckerberg-kevin-systrom-hearing. Acesso em: 12 nov. 2020.

O'CONNOR, D. An Antitrust Analysis of Google's Waze Acquisition: Disruptive Competition and Antitrust Merger Review. *Disco – Disruptive Competition Project*, 12 jun. 2013. Disponível em: <https://www.project-disco.org/competition/061213-an-antitrust-analysis-of-google-waze-acquisition-disruptive-competition-and-antitrust-merger-review/>. Acesso em: 19 dez. 2020.

OECD. Investigations of consummated and non-notifiable mergers – United States. *Working Party No. 3 on Co-operation and Enforcement*, p. 1-6, fev. 2014a.

OECD. Investigations of consummated and non-notifiable mergers – Brazil. *Working Party No. 3 on Co-operation and Enforcement*, p. 1-6, fev. 2014b.

OECD. *Local Nexus and Jurisdictional Thresolds in Merger Control.* 2016.

OECD. *Start-ups, Killer Acquisitions and Merger Control* – Background Note. maio 2020a.

OECD. *Roundtable on Conglomerate Effects of Mergers* – Background Note., abr. 2020b.

OLIVEIRA, M. N. DE. Concorrência potencial: teoria do dano ou futurologia? *Revista do IBRAC*, v. 23, n. 2, p. 21-39, 2017.

PENNA, C. C. R. *The Co-evolution of societal issues, technologies and industry regimes*: Three case studies of the American automobile industry. Sussex: University of Sussex, 2014.

PETIT, N. *Technology Giants, The "Moligopoly" Hypothesis And Holistic Competition*: A Primer. Liege. p. 1-76, 2016.

PEYER, B. H de. Eu merger control and big data. Journal of Competition Law and Economics, v. 13, n. 4, p. 767-790, 2017.

PHILIPPON, T. *The Great Reversal* – How America Gave Up on Free Markets. Cambridge, MA: Harvard University Press, 2019.

POSNER, R. A. Antitrust in the new economy. *Antitrust Law Journal*, v. 68, n. 3, p. 925-942, 2001.

POSNER, R. A. *The Chicago School of Antitrust Analysis.* University of Pennsylvania Law Review, 1979.

RAGAZZO, C. Pesquisando Sobre O Direito Da Concorrência. *Rei – Revista Estudos Institucionais*, v. 5, n. 1, p. 80-91, 2019.

SCHREPEL, T. Predatory Innovation: The Definite Need for Legal Recognition. *Science & Technology Law Review*, v. 21, n.1, 2018.

SCHUARTZ, L. F. A Desconstitucionalização do Direito de Defesa da Concorrência. *FGV Direito Rio – Textos para coleção*, p. 1-26, 2008.

SCHUMPETER, Joseph A. *Capitalism, socialism & democracy*. Londres: Routledge, 2003.

SCHUMPETER, J. *Capitalismo, Socialismo e Democracia*. Trad. Ruy Jungmann. Rio de Janeiro: Fundo de Cultura, 1961.

SEGAL, I.; WHINSTON, M. D. Antitrust in innovative industries. *American Economic Review*, v. 97, n. 5, p. 1703-1730, 2007.

SHAPIRO, C. Did Arrow Hit the Bull's Eye? *In*: LERNER, J. STERN, S. *The Rate and Direction of Inventive Activity Revisited*. Chicago: University of Chicago Press. 2012. p. 361-404. Disponível em: http://www.nber.org/chapters/c12360. Acesso em: 8 abr. 2022.

SHAPIRO, C. Antitrust in a time of populism. *International Journal of Industrial Organization*, v. 61, p. 714-748, 2018.

SHINAL, J. Mark Zuckerberg couldn't buy Snapchat years ago, and now he's close to destroying the company. *CNBC*. Publicado em 12 .jul. 2017. Disponível em: https://www.cnbc.com/2017/07/12/how-mark-zuckerberg-has-used-instagram-to-crush-evan-spiegels-snap.html. Acesso em: 12 dez.12. 2020.

STEINBAUM, M.; STUCKE, M. E. The effective competition standard: A new standard for antitrust. *University of Chicago Law Review*, v. 87, n. 2, p. 595-623, 2020.

STIGLITZ, J. E. **People, Power and Profits** – Progressive capitalism for an age of discontent. New York: W. W. Norton & Company, 2019.

STOUT, K. *Big Tech and the Regressive Project of the Neo-Brandeisians*. Publicado em 1 jun. 2020. Disponível em: <https://lawliberty.org/forum/big-tech-and-the-regressive-project-of-the-neo-brandeisians/> Acesso em: fev. 2021.

TIROLE, J. Shaping competition policy in the era of digitisation.. *Discurso*. Bruxelas: 2018.

U.S. HOUSE OF REPRESENTATIVES. *Investigation of Competition in Digital Markets*. Washington, DC: 2020.

VESTAGER, M. Competition: The Mother of Invention. *EU Comm'r for Competition*. 2016a. Disponível em: <http://ec.europa.eu/commission/2014-2019/ vestager/announcements/competition-mother-invention_en>. Acesso em: 8 abr. 2022.

VESTAGER, M. *Refining the EU merger control system*. Bruxelas, 2016b. Disponível em: <https://www.studienvereinigung-kartellrecht.de/sites/default/files/mv_speech_merger_policy_studienvereinigung_final_0.pdf>. Acesso em: 30 abr. 2022.

WRIGHT, J.; PORTUESE, A. Antitrust Populism: Towards a Taxonomy. *SSRN Electronic Journal*, v. 21. n. 1, p. 131-182, 2020. Disponível em: DOI: 10.2139/ssrn.3400274. Acesso em: 8 abr. 2022.

WOHLSEN, M. What Google Really Gets Out of Buying Nest for $3.2 Billion. *Wired*, Business, 14 jan. 2014. Disponível em: https://www.wired.com/2014/01/googles-3-billion-nest-buy-finally-make-internet-things-real-us/. Acesso em: 15 jun. 2020.

WU, T. Taking Innovation Seriously: Antitrust Enforcement If Innovation Mattered Most. *Antitrust Law Journal*, v. 78, n. 2, p. 313-328, 2012.

ZENGER, H.; WALKER, M. Theories of Harm in European Competition Law: A Progress Report. *SSRN eLibrary*, 2012.

ZINGALES, L.; LANCIERI, F. M. Stigler Committee on Digital Platforms Policy Brief Stigler Committee on Digital Platforms: Policy Brief. *Stigler Committee on Digital Platforms*, 16 set. 2019. Disponível em: https://www.chicagobooth.edu/research/stigler/news-and-media/committee-on-digital-platforms-final-report. Acesso em: 8 abr. 2022.

ZOFFER, J. P. Short-Termism and Antitrust's Innovation Paradox. *Stanford Law Review Online*, v. 71, maio 2019.

Esta obra foi composta em fonte Palatino Linotype, corpo 10
e impressa em papel Pólen Bold 70g (miolo) e Supremo 250g (capa)
pela Gráfica Formato.